Thomas Klein

Glücksorte an der belgischen Küste

Mit Brügge

Dieses

Glücksbuch

ist für

Liebe Glücksuchende,

sie ist ein fast 70 Kilometer langer Flohmarkt, die Nordseeküste Belgiens. Hier gibt es alles, nicht selten in scheinbar gewagten Mischungen. Beeindruckende Prachtbauten für die Sommerfrische des Hochadels im 19. Jahrhundert oder Belle-Époque-Schätzchen neben modernen Ferienapartments mit Meerblick. Stadtstrände mit stylishen Beachclubs und breiten Promenaden oder Naturschutzgebiete mit herrlicher Dünenlandschaft. Faszinierende Skulpturen der modernen Kunst teilen sich den Strand mit den letzten Pferdefischern. Dazu Kurioses wie eine Bier-Pipeline, eine Strand-Straßenbahn oder ein Chocolate-Shooter. Und dann ist da ja noch Brügge, eine der reichsten Städte des Mittelalters mit schier unzähligen historischen Gebäuden – man sieht hier nicht Geschichte, man ist mittendrin. Hinter jeder Ecke wartet ein anderer „Wow-Effekt", und es gibt viele Ecken in Brügge … Viel Spaß beim Stöbern auf dem Flohmarkt der Eindrücke an Belgiens Küste.

Ihr Thomas Klein

Deine Glücksorte ...

... noch mehr Glück für dich

Die Straßenbahn zum Strand

1

Entdeckungsreisen mit Belgiens Kusttram

Gäbe es sie nicht, man müsste sie erfinden: die belgische Küsten-Straßenbahn. 70 Haltestellen an den 67 Kilometern Küste – damit ist sie die zweitlängste Straßenbahnlinie der Welt, 2023 abgelöst durch die 78 Kilometer einer Linie in Los Angeles. Aber viel wichtiger: Die Kusttram, oder nach dem Betreiber „De Lijn" genannt, ist schlicht DAS Verkehrsmittel entlang der belgischen Küste. Ob man sich nun innerhalb von zweieinhalb Stunden von Knokke bis De Panne einen Überblick über die Küste verschaffen oder gezielt ohne Parkplatzstress zum Wunschziel will – die Tram ist die Lösung. Alle 10 Minuten fährt im Sommer tagsüber eine Bahn, abends oder im Winter sinkt die Frequenz auf zwei bis drei Züge je Stunde.

Ein Tagesticket der Kusttram ist die Lizenz zum Stöbern. Ihre Schienen führen durch alle Küstenorte – oft zu ehemaligen Bahnhöfen, durch Villenviertel, Einkaufsstraßen oder Hafenanlagen. Vorfahrt beachten: Andere Verkehrsteilnehmer werden durch Leuchtbarken und dicke rote Quadrate „Tram" auf dem Boden auf ihren Vorrang aufmerksam gemacht. Die hohen Fenster der modernen Bahnen geben den Blick frei auf einen Kessel buntes Küstenleben. Ganz anders als wohl im Jahr 1885, als auf den ersten Abschnitten noch Dampfbahnen die Aussicht mit ihrem Rauch trübten. Heute beglückt der Ausblick auf Meer und Strand.

TIPP

In De Panne kann man Bahnen aus der Anfangszeit der Kusttram sehen (www.depanne.be/de/historisches-strassenbahn-depot).

Hinter Ostende geht es für Straßenbahnreisende kilometerweit quasi über den Strand. Hier wird auch deutlich, wie herausfordernd der Betrieb einer Bahn an der Küste ist. Sand und Salz, Wind und Wasser – die Natur macht der Technik oft zu schaffen, die Sandschaufel gehört zum Inventar der Straßenbahnen. Wer Lust auf einen Streifzug oder Spaziergang bekommt, steigt einfach aus, erkundet die Gegend und steigt bei der nächsten passenden Gelegenheit wieder in die Strand-Straßenbahn ein – bis zum nächsten Hingucker. Mit rechnerisch einer Haltestelle je Kilometer ist spontanes Aussteigen nicht unbedingt zeitraubend. Und genau das macht den Platz in der Kusttram zu einem Glücksort.

● Kusttram, www.delijn.be

Skulpturen als Reiseroute

2 Kunstprojekt Beaufort: 40 Werke an der Küste

Sie ist eine sichtbare Erfolgsstory, eine sehr sichtbare: die Kunsttriennale Beaufort an der belgischen Küste. Seit dem Debüt 2003 präsentieren alle drei Jahre Künstler einen Sommer lang ausgesuchte Werke an vielfältigen Orten entlang der knapp 70 Kilometer Küstenlinie. Oft indes länger, denn die Gemeinden können – und sollen – den Künstlern ausgestellte Werke abkaufen und dann auf Dauer als Akzente in ihrer Stadt und an der Küste präsentieren. Und so gibt es viele künstlerische Hingucker, mal am Strand, mal in der Brandung, mal in den Dünen, mal in der Stadt. Über die Küste verteilt bilden derzeit 40 Werke eine Art permanenten Kunstpark.

Die Werke sind zumeist groß, teils skurril bis kurios, manchmal schrill, manchmal zurückhaltend – aber immer faszinierend: in Nieuwpoort der eine goldene Schildkröte reitende Künstler Jan Fabre auf der Suche nach Utopia in einem Wohngebiet oder die bei Flut fast in die Nordsee hinabreitende Collage alter Reiterstatuen. Dieses Werk heißt „Men" und ist von Nina Beier. In Ostendes Vorzeigekirche St Petrus und Paulus malte Norbert Schwontkowski sein „Im Gebiss der Zeit" auf ein Kirchenfenster. Ums Eck im Leopoldpark hat Guillaume Bijl ein dickes Fragezeichen hinter die menschliche Denkmalkultur gesetzt und einen „würdigen" Hund mit einigen vierbeinigen Bewunderern auf einen Sockel gestellt. In Knokke-Heist formte Jean-François Fourtou sein „Beach Castle" aus spektakulär aufgetürmten Badehütten. Ganz schlicht und reduziert ist das Navigator-Monument am Strand von Middelkerke: ein halb eingegrabenes Steuerrad. Aufwendig und beeindruckend groß hingegen am anderen Ende des Strands der Caterpillar-Bagger. Das Werk, das Wim Delvoye aus Jugendstil-Zaunelementen gestaltete, wurde 2019 auf einen Trailer in entsprechender Größe gestellt. Will man die Welt von Beaufort bereisen, hilft die Website mit Fotos aller Skulpturen sowie Informationen zu jedem Werk und Anreisehinweisen.

- Kunstprojekt Beaufort, www.beaufortbeeldenpark.be/de
- ÖPNV: Kusttram

Alleinstellungsmerkmal

3

Brasserie am Ende des Landes in Blankenberge

In der Abendsonne ist es ein Bild wie gemalt. Holzplanken führen über eine lange Hafenmole hinaus ins Meer – an ihrem Ende ein Holzhäuschen, das zwischen Nordsee und dämmerndem Horizont zu schweben scheint. Das Licht in den Fenstern wirkt einladend und ist es auch. Denn an diesem Bilderbuchort ist die Brasserie De Oosterstaketsel beheimatet. Näher kann man in Sachen Gastronomie der Nordsee kaum kommen, der Begriff „Alleinstellungsmerkmal" ist hier wortwörtlich zu verstehen.

Schon von außen ist das „Haus im Meer" einladend: eine kleine Terrasse mit gläsernen Windbrechern, an den Seiten schützen überstehende Dächer die kleinen Tische zusätzlich. Ein perfekter Ort, um die Aussicht auf Blankenberges Küste zu genießen, mal mit Naturstrand, mal mit den typischen Häuserzeilen und ihren spiegelnden Glasfassaden. Pittoresker und viel abwechslungsreicher ist der Blick in die Hafeneinfahrt. Segler, Sportboote oder Motoryachten jeglicher Couleur passieren nur wenige Meter entfernt die schützenden Molen – eine Art maritime Modenschau. Dieses Treiben bei etwas rauerem Wetter zu beobachten und dabei gemütlich an seinem Koffie verkeerd zu nippen, ist vielleicht nicht nett, aber „hat was". Bei üblerem Wetter schafft im De Oosterstaketsel ein offenes Feuer im Bedarfsfall Wärme für Leib und Seele. Da entwickelt selbst ein Herbststurm seinen Reiz. Zudem man es sich in der Brasserie schmecken lassen kann. In dem Innenraum mit dunklem Holz, der traditionell-urig im Fischerstil eingerichtet ist, sorgen die edlen weißen Tischdecken für einen interessanten Kontrast. Eine beglückende Spezialität für Fans von Meeresspeisen ist die reichlich mit frischen Produkten der Nordsee gefüllte Fischsuppe, auf Wunsch wird sie auch mit Hummer serviert. Austern oder Seezunge können hier ebenfalls geordert werden, und das gefühlt fast „in" der Nordsee.

TIPP

In den Sommermonaten pendelt eine Ein-Euro-Fähre zwischen den beiden „Staketseln".

● Brasserie Oosterstaketsel, Zeedijk 350, 8370 Blankenberge, Tel. +32 (4 76) 66 49 98
www.oosterstaketsel.be

● ÖPNV: Kusttram, Haltestelle Blankenberge Markt

Casino der Kunst

4 Knokke: ein Magritte über 72 Meter

Casino – kaum ein Wort klingt mehr nach mondänem Leben, nach Menschen in Smoking und Abendkleid am Roulettetisch. Im Stil der Zwanzigerjahre erbaut, ist das Grand Casino ein Highlight von Knokke. Fast unscheinbar sachlich von der Stadtseite aus, zeigt das Casino den Menschen an Promenade und Strand seine Schokoladenseite. Die schmalen, fast säulenartigen Fenster prägen die Fassade, die im rotgoldenen Licht der Abendsonne wunderschön erstrahlt. Mit dem breiten Sandstrand unmittelbar davor ein herrlicher Anblick. Im Inneren wird wie eh und je immer noch „gezockt", natürlich zeitgemäß an Automaten, doch es gibt auch 18 Spieltische für traditionelles Roulette, Bakkarat oder Poker.

Das Grand Casino von heute wird daneben mehr und mehr zu einem Zentrum für Kunst und Kultur. Kein Wunder, ist doch vieles vom Inventar künstlerisch besonders wertvoll. Einzigartig und nur bei einer Führung zu sehen ist der sogenannte Magritte-Saal. Satte 72 Meter lang sind die Fresken, ein Werk des belgischen Malers René Magritte (1898–1967), der sich mit „Die verwunschene Gegend" an den Wänden verewigte. Ein schlicht beeindruckender Anblick. Skulpturen von Niki de Saint Phalle, ein großes Wandbild von Paul Delvaux oder ein Werk von Pop-Art-Ikone Keith Haring gehören ebenfalls dem Casino.

TIPP
Bei einem Absacker in der Rooftop-Bar des Hotels Memlinc den umwerfenden Rundumblick genießen.

Eine andere Art Kunst hängt im sogenannten Kronleuchtersaal von der Decke. Satte 22.000 venezianische Kristalle wurden 1953 zu einem über 7 Meter breiten und über 8 Meter hohen Kronleuchter zusammengefügt. Über acht Tonnen wiegt der damals größte Leuchter der Welt mit seinen 2000 Lampen. Die Wände des Raums gestaltete übrigens 1987 – welch ein Kontrast – Keith Haring in seinem typischen Stil. Kein Wunder, dass dieses Ambiente auch einen fantastischen Rahmen für Ausstellungen und Konzerte prominenter Künstler bietet. Pablo Picasso oder Salvador Dalí zeigten hier ihre Werke, auch Frank Sinatra und Elton John sangen schon in Knokkes „Grand-Kunst-Casino".

- Grand Casino Knokke, Zeedijk-Albertstrand 509, 8300 Knokke-Heist
www.grandcasinoknokke.be
- ÖPNV: Kusttram, Haltestelle Knokke Station

GRAND CASINO KNOKKE
5 - 15/08/2023
KNOKKE ART FAIR
KNAF.BE
expo HIGHLIGHTS.be
18 - 20/08/2023
ArtistMeeting.com
Yayoi Kusama
inkom kant zeedijk

Windschiefer Hingucker

5 Blankenberge: Museumscafé im Fischerhaus

Hier würde man Blankenberges ältestes Fischerhaus wohl kaum suchen. In einer engen Innenstadtstraße, umringt von mehrstöckigen Zweckbauten mit Betonfassaden, steht das Huisje van Majutte. Richtig klein, weiß getünchte Fassade, Fenster mit reichlich windschiefen Läden, ein Frontgiebel mit Ladefenster im heruntergezogenen Dach – ein solches Knusperhäuschen würde man eher einsam und allein in den Dünen oder am Hafenrand erwarten, zu diesen Orten würde es passen. Aber in der dicht gedrängten Innenstadt? Da ist der skurrile Kontrast zur Nachbarschaft schon ein Hingucker, aber das rund 250 Jahre alte Häuschen ist mehr als nur einen Blick wert. Es beherbergte Generationen von Fischerfamilien.

Geschichten darüber, wie sie lebten, erzählen die Einrichtung, Fotos und zahlreiche Antiquitäten. Im charmanten Museumscafé mittendrin – klasse Idee – sitzt man an einem der kleinen Tische und kann sich in Ruhe umschauen und die irritierende Enge auf sich wirken lassen. Irritierend vor allem, wenn man sich die früher üblichen kinderreichen Familien vorstellt. Aus der originalgetreu erhaltenen Küche mit offenem Feuer wurden damals die hungrigen Mäuler verpflegt. Heute werden typische Kleinigkeiten aus dem Nebenraum gereicht. Slufferkoek beispielsweise, in ein Eier-Milch-Gemisch getunkte und dann gebratene alte Brotstücke. Der deutsche Name „Arme Ritter" zeigt schon, dass in den Fischerhaushalten mit bescheidenen Mitteln etwas Schmackhaftes auf den Tisch kommen musste.

Das kleine Häuschen wurde 1775 gebaut, in einer ganzen Straße mit ähnlichen Fischerhütten. Namensgeber war der letzte hier lebende Fischer Pe Majutte. Heute gilt das Huisje van Majutte als das älteste Fischerhaus an der belgischen Küste, wo Fischfang jahrhundertelang der bestimmende Wirtschaftsfaktor war. Die Zeitreise im Museumscafé macht aber noch etwas anderes deutlich: Durch die Hintertür des Majutte kam man früher direkt an den Strand …

TIPP

Einige Meter weiter führen die schönen klassizistischen Treppen der Bakkerstraat zurück zum Strand.

- Huisje van Majutte, Breydelstraat 10, 8420 Blankenberge, Tel. + 32 (4 86) 06 17 80 www.majutte.be
- ÖPNV: Kusttram, Haltestelle Blankenberge Markt

Majutte
Huisje van Majutte
Wie geluk heeft
Majutte te vinden,
haalt het nooit meer
uit zijn hart!
Blankenberge

Strandclubs à la carte

6 Mondäne Clubs und Surferkneipen in Knokke

Der Strand vor Knokke-Heist ist lang, sehr lang. 9 Kilometer, um genau zu sein. Aber er ist vor allem abwechslungsreich: von ruhig über sportlich-belebt bis modisch-mondän oder auch Natur pur. Hier finden sich allerlei Orte zum entspannten Glücklichsein.
Beispielsweise in den vielfältigen Beachclubs vor Knokke oder Het Zoute. Hier hat man die Auswahl, wie von einer Menükarte. Für die ganze Familie, mit Spiel und Spaß für Kind und Kegel. Für andere darf es lieber ein eleganter Club mit Lounge und Lunch sein. Manche bieten eine Art All-inclusive für einen kompletten Tag am Strand an, mit Liegen, Windschutz und Sonnenschirm sowie Spielflächen für Boule etc. In wieder anderen kann man einfach nur entspannt einen Drink genießen oder Kleinigkeiten essen, bevor man sich wieder in Richtung eigenes Handtuch etwas abseits aufmacht oder anschließend weiterbummelt und den Strand von Knokke von der Promenade aus entdeckt. Schon die Namen stehen für seine Vielfalt: Blue Buddha Beach, ein Club mit blauem Buddha, aber auch schick möbliert. Mood-, Vintage- oder Indi- und Waikiki-Beach, oder ganz traditionell Lichttorenstrand, Collins Club … Oder mit südamerikanischem Flair, Rum-Cocktails und Calypsoklängen: Pura Vida. Eine kleine Qual der Wahl, frei nach Gusto oder auch Tagesform.
Grundsätzlich gilt, je weiter in Richtung Osten und Naturschutzgebiet Het Zwin (S. 28), desto ruhiger und naturbelassener wird es am Wasser. Kurz vor dem Naturschutzgebiet gibt es noch etwas Uriges am Strand: das Surfer's Paradise bei Het Zoute. Einfache Holzbänke und massive, wettertrotzende Tische im tiefen Sand, eine sympathisch-chaotische Mixtur bei der Inneneinrichtung – hier ist stylish genau andersherum definiert. Doch gerade diese Kontraste machen das Glücksgefühl bei einem Knokke-Strandbummel aus.

● Zeedijk Knokke und Zeedijk Het Zoute, 8430 Knokke, www.myknokke-heist.be
● ÖPNV: Kusttram, Haltestellen Knokke Casino, Knokke Het Zoute

Spaziergang unter Wasser

7 Entdeckungsreise im Sea Life

Ans Wasser, aufs Wasser oder auch ins Wasser ist an der Küste nichts Außergewöhnliches, aber in Blankenberge kann man auch unters Wasser – ohne zu tauchen. Im Sea-Life-Park wartet ein faszinierender Bummel durch den Lebensraum Wasser. Nicht mit erhobenem Zeigefinger, sondern unterhaltsam. Etwa zu Besuch bei den beiden Zwergottern, die beim Herumtollen zu kleinen Clowns mutieren. Oder nebenan bei den Humboldtpinguinen, deren Treiben einem eigentlich immer ein Lächeln ins Gesicht zaubert. Zumindest an Land putzig-unbeholfen sind die kleinen Gäste, die in der Seehund-Aufzuchtstation aufgepäppelt werden. Ganz anders die eindrucksvoll eleganten Bewegungen im Aquarium der Rochen und Haie. Obwohl es nur kleinere Arten sind, fasziniert es vollkommen, wie lässig und kraftvoll die Räuber durchs Wasser gleiten.

In ganz andere Lebensräume mit völlig anderer „Bevölkerung" entführt das Themenfeld Amazonien. Gebannt stehen wir Europäer vor der so andersartigen Tierwelt in den Gewässern des Amazonas, mit ihrem Lebensbereich zwischen Wurzeln und Untiefen. Würden die ruhig dahinziehenden, recht gedrungenen Fische nicht von Zeit zu Zeit ihre mächtigen Zähne zeigen, würde man sie nicht als die berüchtigten, blitzschnellen und gierig-gefräßigen Piranhas erkennen.

Eindrucksvolle Schöpfungen der Natur gibt es auch im riesigen Bassin im Themenfeld Tropen. Es ist schlicht ein großes Glück, die bekannteste Tropengattung zu beobachten, den Anemonenfisch. Hier lässt sich nachvollziehen, mit welch bemerkenswert treffsicherer Intuition die Macher des Zeichentrickfilms „Findet Nemo" diese wunderbaren Fische als Vorbild für ihren sympathischen Trickfilmhelden aus der Vielfalt der tropischen Meere fischten. Ein Highlight ist auf jeden Fall der Tauchgang ins tiefe Meer, bei dem man im Ozeantunnel nicht einmal nasse Füße bekommt. Umringt von Wasser erlebt man hier einen Perspektivwechsel und kann sich fast selbst wie ein Meeresbewohner zwischen Artgenossen fühlen.

- SEA LIFE Blankenberge, Koning Albert-1-laan 116, 8370 Blankenberge, Tel. +32 (50) 42 43 00, www.visitsealife.com/blankenberge
- ÖPNV: Kusttram, Haltestelle Blankenberge Pier

Ein Fest für die Augen

8 Die Kunstgalerien an Knokkes Zeedijk

Er ist ganz anders, der Schaufensterbummel an Knokkes Strandpromenade. Fast 90 Kunstgalerien zählt man in dem Ort, ein Großteil davon am Zeedijk von Knokke und Het Zoute. Hinzu kommt noch eine Vielzahl von Werken im Ortsgebiet und am Strand. Daher sollte man für einen Bummel deutlich mehr Zeit einplanen, denn man bleibt viel öfter „hängen", als man glaubt.

Die Schaufenster präsentieren immer wieder neue Hingucker, die – mindestens – einen zweiten Blick fordern. Zu faszinierend sind manche Ideen, zu verwirrend andere, manche einfach beeindruckend, manche „nur" wunderschön. Gerade die Häufung des Kunsthandels macht den Bummel über den Zeedijk so spannend. Die packende kreative Inszenierung ist bei dieser Konkurrenzdichte ein Muss, folglich sind nicht nur Werke und Stilrichtungen vielfältig, auch ihre Darbietung darf alles sein, außer gewöhnlich. Manche rollen Objekte auf den Gehweg, machen quasi Street-Art auf der Art-Street Zeedijk. Einfallsreich und edel auch die Präsentationen in den Galerien. Große Pop-Art-Bilder oder faszinierend filigrane Metall-Modelle – es ist ein Fest für die Augen und für Entdecker. Auch im Ort – vor allem in Knokke und Het Zoute – gibt es zahlreiche Galerien.

TIPP
Zum stilvollen „Verdauen" der Eindrücke in die Brasserie Rubens am Albertstrand, eine Institution.

Wer gezielt nach Stilrichtungen suchen möchte, kann auf der Website des Tourismusbüros schon eine Vorauswahl treffen oder einige der Kunstobjekte im öffentlichen Raum ansteuern. Spektakulär ist das überdimensionale Chamäleon von Jeremy Deller. Dessen „Ask the Animals, and they will teach You" ist eine Hommage und soll etwas Demut vor den ältesten Lebewesen der Welt anregen. Oder die wie von einem Sturm wild aufgetürmten Badkabinen „Beach Castle" von Jean-François Fourtou am Ortseingang. Für Entdeckungsreisende in Sachen Kunst ist Knokke ein wahrer Glücksort.

- Zeedijk Knokke und Zeedijk Het Zoute, 8430 Knokke, www.myknokke-heist.be
- Kunstwerk „Ask the Animals …", Van Bunnenplein, 8300 Knokke
- Kunstwerk „Beach Castle", Maurice Lippensplein, 8300 Knokke-Heist
- ÖPNV: Kusttram, Haltestellen Knokke Casino, Knokke Het Zoute

Des Meeres beste Früchte

9 Das Oesterput in Blankenberge

Schon der erste Eindruck schmeckt. Die Einfahrt zum Yachthafen auf der einen Seite, die Dünen und ein Salzwassertümpel vor der Terrasse, Holz im typischen Grau der Küste – und schlichte Tische mit großen runden Metalltabletts in der Mitte, auf denen gestoßenes Eis das gefrorene Wasserbett für Fisch und Meeresfrüchte bildet. Auf all das können sich die Gäste im Oesterput von Blankenberge freuen.
Was früher ein Fischereibetrieb war, ist seit rund 25 Jahren ein Glücksort für alle, die die Früchte des Meeres schätzen. Wenn man mittags oder am frühen Abend zwischen den Tischen zu seinem Platz geht (reservieren ist hilfreich) braucht man eigentlich keine Speisekarte mehr – hier kommt ganz automatisch ein sehnsüchtiges „Das will ich auch"-Gefühl auf angesichts der Platten und Teller auf den Nachbartischen. Krabben, Krebse, Muscheln, Gambas, Scampi, Langusten, Garnelen, Fisch, große Tafeln für mehrere Gäste und einen kulinarischen „Gang durchs Meer" oder kleinere Teller und Schalen für gezielte Gaumenfreuden – in Sachen Köstlichkeiten aus dem Meer lässt das Angebot kaum einen Wunsch offen. Dazu gehört auch Fisch von Seeteufel bis hin zu Seezunge. Und Austern verschiedenster Provenienz. Die Spezialität des Hauses allerdings sind Hummer.
Im Innenraum des sympathisch-schlichten Restaurants mit seinen historischen Fotografien an den Wänden stehen die langen Tische zwischen offener Küche und den Hummerbecken. Da die Nordsee nur einen Steinwurf entfernt und mit dem Salzwasserbecken verbunden ist, kann das Meerwasser in den Becken mehrmals wöchentlich komplett durch frisches ausgetauscht werden. Diese Extraportion Natur sorgt für zusätzlichen Geschmack. Besucher, die einen strategisch guten Platz haben, erleben dank der kurzen Wege aus dem Wasser über die Küche auf den eigenen Teller unmittelbar, was Frische wirklich bedeutet. Und so schmeckt der zweite Eindruck hier sogar noch besser.

- Oesterput, Wenduinse Steenweg 16, 8370 Blankenberge, Tel. +32 (50) 41 10 35
www.oesterput.com
- ÖPNV: Kusttram, Haltestelle Wenduine Harendijke

FOURCHETTE
FOURCHETTE

Dachgarten mit Flair

10

Belle Époque Museum Blankenberge

Diesem Museum nähert man sich am besten auf Umwegen. Beispielsweise entlang der Descampstraat, wo spätestens das Haus Nummer 22 höchst eindrucksvoll zeigt, warum sich der Weg ins Belle Époque Museum lohnt. Denn die Villa Olga ist ein Highlight aus der „schönen Zeit". Das schmale Gebäude (heute ein Hotel) wirkt selbst neben den zeitgenössischen Nachbarhäusern im Rochusviertel wie ein Schmuckkästchen. Fliesenmalereien im Jugendstil, gusseiserne Balkongitter, verspielte Fensterformen – zahlreiche kunstvolle Schmuckelemente versetzen ins Staunen.

Ums Eck zeigt das Belle Époque Museum die Innenansicht: wie man in der guten Zeit um die Jahrhundertwende wohnte und in Innenräumen Gestaltungsfreude walten ließ. Hier kann man nach Herzenslust herumstöbern, sich für die detailverliebte Gestaltung alltäglicher Gegenstände begeistern oder manches bestaunen, das aus heutiger Sicht etwas skurril wirkt. Der Alltag in den Haushalten des aufkommenden Besitzbürgertums hinter den Belle-Époque-Fassaden lebt hier anschaulich wieder auf. Ein Schwerpunkt: der Weg Blankenberges vom Fischerdorf zum „Seebad mit Stil", wie es auf einem Werbeschild heißt. Plakate, alte Filmschnipsel, Kleidungsstücke, Fotos und Ansichtskarten zeigen – zum Teil auch interaktiv – quasi im Zeitraffer den gesellschaftlichen Wandel in der Zeit zwischen 1870 und dem Beginn des Ersten Weltkriegs 1914. Technischer Fortschritt, Industrie und Handel boomten, die sich herausbildende „neue gesellschaftliche Mitte" der Besitzbürger zeigte sich gern schöngeistig, kultiviert und fortschrittlich. Unbelastet von Kriegen auf dem Kontinent sah man es als eine schöne Zeit, eine Belle Époque. Im Museum gibt es zahlreiche Einblicke in viele Facetten des Begriffs Belle Époque – von der Kunstrichtung bis zu den Sozialstrukturen. Ein Highlight ist der Dachgarten mit seinem echten Belle-Époque-Gefühl. Ein herrliches Rooftop im Stil der „schönen Zeit" und die Antwort auf die Frage, warum dieses Museum ein Glücksort ist.

- Belle Époque Museum, Elisabethstraat 24, 8370 Blankenberge, Tel. +32 (50) 63 66 40, www.belleepoquecentrum.be
- Villa Olga, Descampstraat 22, 8370 Blankenberge
- ÖPNV: Kusttram, Haltestelle Blankenberge Station

Der Vogelflughafen

11 Knokkes Naturschutzgebiet Het Zwin

Kokett, aber treffend. „Internationaler Vogelflughafen", so beschreibt sich das Naturschutzgebiet Het Zwin bei Knokke gern selbst. Auf einer Fläche von rund 300 Hektar bietet eine einzigartige Landschaft einen Rastplatz für Zugvögel am Meeressaum. Das Gebiet besteht aus verschiedenen Lebensräumen, darunter Salzwiesen, Dünen, Marschen und Wattflächen. Diese Vielfalt macht Het Zwin zu einer geschützten Heimat für zahlreiche Pflanzen und Tiere.

Het Zwin ist der Meeresarm, der zunächst Brügges Reichtum und nach seiner Versandung Brügges Abstieg „verschuldete". Heute dringt nur noch zweimal am Tag Meerwasser in das Gebiet und bildet eine riesige Brackwasserfläche, die einen ganz besonderen Lebensraum schafft. Hier kann man daran angepasste und entsprechend seltene Pflanzenarten entdecken. In bestimmten Teilen des Schutzgebiets wachsen salzliebende Büsche wie der Salz-Blauschwingel und die Salzweide. Wiesensalbei, Seeluftgras und Strand-Wegerich sind Blumen in den Salzwiesen. Ihre Blüten bieten Nahrung für Insekten und tragen zur Biodiversität des Gebiets bei. Dünenhafer, Stranddisteln, Sanddorn und Strandroggen, die typische Dünenvegetation, helfen dank ihrer Wurzelsysteme, den Sand zu binden und Erosion zu verhindern. Farbenprächtig bis eindrucksvoll sind die „Flugzeuge", die von weit her kommend auf „Het Zwin International" auftanken. Arten wie Kiebitze, Austernfischer, Brandgänse, Pfeif- und Löffelenten oder der Große Brachvogel machen hier Pause. Hier kann man auch mit etwas Glück Nachtigallen singen hören. Manche Storchenpaare beenden ihre Reise an der Küste und suchen sich einen hoch gelegenen Platz zum Nisten. Man kann das Gelände, bis auf den Kern, auf eigene Faust erkunden. Empfehlenswert indes ist, sich vom Besucherzentrum aus mit interaktiven Schautafeln, Beobachtungshütten oder auf dem Erlebnisparcours auf eine geführte Reise über den Internationalen Flughafen Het Zwin zu machen.

- Zwin Natuur Park, Graaf Leon Lippensdreef 8, 8300 Knokke Heist, www.zwin.be
- ÖPNV: ab Knokke Buslinie 12, Haltestelle Het Zwin

Ein Narr als Nachbar

12 Die längste Bank der Welt in Blankenberge

Die längste Bank der Welt – so nennt man in Blankenberge gern De Paravang am Yachthafen. Über 130 Meter lang ist die T-förmige Konstruktion, deren Name vom Französischen paravent („Windschutz") abgeleitet ist. Sie bietet Spaziergängern Wetterschutz auf dem Weg zum Strand. Oder beim entspannten Sitzen auf den durchgehenden Bänken. Auf der einen Seite blickt man auf das Treiben im ehemaligen Fischer- und heutigen Yachthafen, auf der anderen schaut man in den Leopoldpark mit seinen Tennisplätzen und Spazierwegen unter Bäumen. Die kleine grüne Lunge nebenan ist übrigens einen Abstecher wert.

Der überdachte Wandelgang wurde 1908 erbaut, im Stil neogotisch, doch mit Eigenständigkeiten: den Grundfarben Grün-Weiß, den farbigen Ziegeln mit Muschelmotiven, zierenden kleinen Türmchen, gläsernen Trennscheiben mit Holzrahmen in der Mitte, Trägern aus Gusseisen im verschlungenen Art-nouveau-Stil. Die Vielfarbigkeit des Daches fügt eine gewisse ostasiatische Nuance hinzu.

Im Zuge der Beaufort-Kunstfestivals an der Küste erhielt der Wandelweg einen „ständigen Bewohner". Der niederländische Künstler Folkert de Jong schuf ein „Denkmal für einen Narren" (das „Monument voor een Saltimbanque"). Der Narr aus Bronze ist jedoch eher von trauriger Gestalt. Mit gesenktem Kopf, fast resignierend zusammengesackt steht die Figur an einem so freundlichen Aussichtsort, verweist aber vielleicht gerade als solch emotionaler Kontrapunkt auf das eigene Glück, sich auf dem De Paravang zu bewegen, einem Relikt der Belle Époque, der Zeit der Schönen und Reichen in den mondänen Seebädern. Auf diesem Wandelweg als einer Art Laufsteg ging es ums Sehen und Gesehenwerden. Er bildet die stilvolle Verbindung zwischen den Stadthäusern, den Cafés der Innenstadt und der kultivierten Sommerfrische des Strands. Sein Licht und seine Farben erstrahlen durch eine Sichtachse den ganzen Weg entlang der längsten Bank der Welt.

● De Paravaang, Havenstraat, 8370 Blankenberge, www.visitblankenberge.be
● ÖPNV: Kusttram, Haltestelle Blankenberge Pier

Einmal mondän, bitte!

13 Knokke: Shopping im Dreieck der Nobelmarken

Hier strahlen die Augen und die Kreditkarten glühen. Im Shoppingdreieck von Kustlaan, Lippenslaan und Dumortierlaan zeigt sich Knokke von seiner mondänsten Seite. Alle Nobelmarken des „reichen und schönen Lebens" sind hier zu finden – nicht nur hinter Schaufensterglas, sondern durchaus auch in „freier Wildbahn". Schuhe im Wert von Edeluhren, Uhren im Wert von Autos, Autos im Wert von Einfamilienhäusern – man zeigt, was man (gekauft) hat. Wer nur in die Schaufenster schaut, verpasst vieles von dem, das Knokke zu seinem Ehrentitel „St. Tropez des Nordens" verholfen hat.

Spaziergänge in Knokke muten geradezu an, als flaniere man durch ein Kunstwerk. Man bummelt, schaut und genießt. Die Wege sind nicht überfüllt, die Atmosphäre ist nicht hektisch, sondern entspannt, man freut sich auf die nächste Entdeckung. Und zu entdecken gibt es jede Menge. Dazu gehören die klangvollen Namen von Nobelmarken wie Louis Vuitton, Cartier, Hermès oder Delvaux über den Ladentüren. Aber viele Shops bieten auch ideenreiche Sortimente, beispielsweise für die „wichtigen" Kleinigkeiten im Leben, vom Einstecktuch für den Herrn im Anzug bis zum perlenbesetzten Handykettchen für die Dame von Welt am Strand. Es ist eine faszinierende Welt, die sich hier immer wieder anders präsentiert. Man ist verblüfft, auf was für überraschende Ideen Inneneinrichtungsgeschäfte – eigentlich ein viel zu profanes Wort für diese Designer-Farb- und -Formwunder – kommen. Selbst wenn man beispielsweise mit Pop-Art als Einrichtungsstil wenig anfangen kann, ein Hingucker sind die Stücke immer. Ob Mode, Schmuck, Sport, Lifestyle oder Antiquitäten – das Angebot ist bunt, vielfältig und absolut sehenswert. Vorsicht ist beim Bummeln dennoch geboten. Die beiläufig am Straßenrand geparkten Supersportwagen der Hyper-Preisklasse sorgen aufgrund glühender Fotohandys für plötzliche Staus.

TIPP

Seit über 100 Jahren kauft man in Knokke Süßes im Bonbon-Traditionsgeschäft Moeder Babelutte (Lippenslaan 220).

● Einkaufsstraßen Lippenslaan, Dumortierlaan, Kustlaan, 8430 Knokke
www.myknokke-heist.be
● ÖPNV: Kusttram, Haltestelle Knokke Station

VANDYCKE
Belegde Broodjes
Slagerij - Traiteur

Rooftop-Bar auf dem Meer

14 Das Kulturerbe Belgium Pier

Ein langer Steg hoch über dem Wasser mit einem gläsernen Rundbau am Ende weit draußen im Meer – so etwas gehört einfach zu einem traditionellen Seebad. Der Belgium Pier von Blankenberge ist der einzige seiner Art an der belgischen Küste und nationales Kulturerbe. Zu Beginn des 20. Jahrhunderts war die große Zeit dieser Touristenattraktionen. 1894 wurde der erste Pier vor Blankenberge aus dem damals typischen Gusseisen errichtet. Damals wie heute ging es rund 350 Meter weit hinaus in die Nordsee. Von deutschen Truppen im Ersten Weltkrieg zerstört, wurde er vor dem Zweiten Weltkrieg im Art-decó-Stil erneut aufgebaut und zuletzt 2003 restauriert.

Die Idee dieser künstlichen Besucherinseln vor dem Strand funktioniert heute wie damals. Schon vom Ufer aus sind Promenade und Rundbau ein Blickfang. Je nach Tageszeit und Lichtverhältnissen bietet der Belgium Pier vielfältige Fotomotive – beispielsweise angestrahlt von der rötlich warmen Abendsonne über dem Blau der Nordsee oder romantisch beleuchtet in der Dämmerung. Das Gefühl des „Hinter-sich-Lassens" bei einem Spaziergang zum Pavillon hinaus ist eine weitere Facette des Belgium Pier. Man geht gefühlt über Brandung, Ebbe und Flut hinweg ins offene Meer – und dies dürfte wohl auch schon vor über 100 Jahren ein ganz spezieller Reiz gewesen sein. Und natürlich, dass man beim Umrunden des Pavillons einen einzigartigen wortwörtlichen Rundumblick genießen kann: auf die Zeedijk-Promenade mit ihren Seaview-Häuserzeilen, das Strandleben oder die Ortsgrenzen, wo der Stadtstrand die Küstenlinie wieder der Natur überlässt.

Hinter den großen Fenstern in der Pier-Gastronomie kann man diesen Blick bei Kaffee oder Spezialitäten unabhängig vom Wetter genießen. Highlight ist die Rooftop-Bar auf dem Dach des Pavillons, die regelmäßig bei Votings über die besten Spots dieser Art an der Küste auf den Toprängen landet. Also ein echter Glücksort!

- Belgium Pier, Zeedijk 261, 8370 Blankenberge, Tel. +32 (50) 43 37 50
  www.belgiumpier.be
- ÖPNV: Kusttram, Haltestelle Blankenberge Pier

Treibholz als Vorbild

15 Die Fußgängerbrücke Het Wrakhout als Kultobjekt

Kann eine Fußgängerbrücke ein Glücksort sein? Die Antwort ergibt sich, wenn man sich in Wenduine die Brücke Het Wrakhout ansieht. Hier haben sich Architekten und Landschaftsbauer etwas einfallen lassen, das nicht nur in die Dünenlandschaft passt, sondern zudem einen Akzent à la Kirsche auf die Torte setzt. Idee und Umsetzung machen glücklich.

Eigentlich sollte den Menschen auf dem Weg zum Strand nur ein ellenlanger Umweg erspart werden. Und sie sollten die wie ein Sperrriegel zwischen dem Strand und den Ferienhäusern liegende Küstenstraße mit den Straßenbahnschienen sorglos und sicher überqueren können. Aber 2014 wurde nicht nur eine Betonkonstruktion gebaut, wie es Standard ist, sondern eine Art Kunst am Bau. Etwas, das aussieht wie aus angeschwemmtem Treibholz. Nicht gleichförmig, sondern auf natürliche Weise zufällig. Es ist beeindruckend gelungen. Ganz gleich aus welcher Perspektive, das „Treibholz", so die deutsche Übersetzung für Het Wrakhout, wirkt als Eyecatcher, der auffällt und sich zugleich sanft in die Landschaft einpasst. Für die charakteristische Gestaltung im tragenden Bereich wurden etwa 600 unterschiedliche Balken aus rund 80 Kubikmetern tropischem Hartholz verbaut. Es stammt aus zertifiziertem Anbau, wie zum Beispiel die als Eisenhölzer bekannten stabilen Arten Azobe oder Okan. Die Treppenkonstruktionen wurde aus rund 230 Kubikmetern Holz geschaffen. Die ganze Brücke ist 83 Meter lang und 4 Meter breit. Wie gut ihr Konzept ankommt, ist schnell an den vielen Menschen zu erkennen, die diese Treibholzbrücke aus allen Perspektiven auf den Speicherkarten ihrer Kameras und Handys festhalten. Kann also eine Fußgängerbrücke ein Glücksort sein? Ja, denn nicht zuletzt ist die kuriose Brücke Het Wrakhout ein überzeugender Beweis dafür, dass man in Belgien aus den vielen Bausünden an der Küste gelernt hat und die Landschaft durch Kreativität bereichern will.

TIPP

Direkt hinter der Brücke geht es durch die Dünen zu einem langen Naturstrand.

- Fußgängerbrücke Het Wrakhout, Höhe Blankenbergse-Steenweg 3, 8420 De Haan
- ÖPNV: Kusttram, Haltestelle Wenduine Harendijke

Ein altes Ufer erwacht

16 Ostende: mit der Fähre auf die andere Seite

Manchmal ist der Weg schon Teil des Ziels. Am besten gelangt man mit dem Boot auf Ostendes lange vergessenes Ostufer (niederländisch Oosteroever). Eine kostenlose kleine Fähre quert das Hafenwasser. Während der nur wenige Minuten langen Fahrt bietet sich den Passagieren eine ganz spezielle Sicht auf Stadt und Hafen, auf Baggerschiffe und Zubringerboote. Der Panoramablick vom Wasser ist allein schon den Ausflug wert. Zudem gehört etwas „schippern" ja auch zum Glücksgefühl in einer Hafenstadt.
Im Ostufer sehen Insider ein ehemals hässliches Entlein auf dem Weg zum Schwan. Wo viele Jahre lang die Romantik industrieller Tristesse herrschte, bewegt sich nun etwas. Pfiffig und stylish konzipierte Wohnbebauung wie beispielsweise an der Braamstraat setzt einen wohltuenden Kontrapunkt zu manch ellenhoher und einfallsarmer Fassade an der Promenade. Zudem mit einem schönen und meist ruhigen Naturstrand vor der Tür. Da wundert die steigende Nachfrage kaum. Gleichzeitig siedeln sich auch kleine Geschäfte mit bunten Ideen und ausgefallenen Konzepten an. Und dies neben aufgegebenen Werften und verlassenen Fischereigebäuden. Bei einem Bummel durch diese bemerkenswerte Mixtur kommt Freude auf.
Nachdem man sich am Strand vom Wind etwas hat durchpusten lassen, bestimmt etwas mehr in Richtung Hafeneinfahrt das Fort Napoleon das Uferbild. Das flache fünfeckige Festungswerk mit imposantem Graben wurde 1814 von den Franzosen als Bollwerk gegen eine befürchtete englische Invasion über den Seehafen von Ostende fertiggestellt. Heute ist es ein Museum. Auch die Relikte der deutschen Besatzung während des Zweiten Weltkriegs stehen relativ unberührt am Ostufer. Zwei Bunkerstellungen für Küstenbatterien sind mittlerweile seltene Überbleibsel des berüchtigten „Atlantikwalls". Noch deutlicher sichtbar ist naturgemäß der Endpunkt des Bummels über das Ostufer: die „lange Nelle", der blau-weiße Leuchtturm, der seit 1949 Fischern und Schiffern den Weg in den sicheren Hafen weist.

- Fähre Visserskaai-Oosteroever, Abfahrt am Westufer nahe der Vistrap, Visserskaai, 8400 Oostende, www.visitoostende.be
- ÖPNV: Kusttram, Haltestelle Oostende Oosteroever

ROGER RAVEEL

Ein Ambiente zum Staunen

17 Den Artiest: mehr als eine Taverne

Wie beschreibt man einen Wow-Effekt? Vielleicht mit Beispielen. So ist es im Den Artiest beispielsweise nicht unhöflich gemeint, wenn man sein Gegenüber zunächst nicht ansieht – die Augen sind hier schlicht zu beschäftigt damit, die üppige Vielfalt von Eindrücken in diesem Gesamtkunstwerk einzufangen. Den Artiest ist für Oostendenaars eine Institution als – und schon wird es wieder komplex – Restaurant, Kneipe, Kunsthalle, Ausstellungsraum, Grill etc. Das hübsche Backsteinhaus mit dem halbrunden Oberlicht, die paar kleinen Tische vor der Tür in der eher schmalen Kapucijnenstraat – man könnte leicht vorbeilaufen und ein faszinierendes Erlebnis verpassen.
Denn mit dem ersten Schritt ins Haus hinein beginnt eine Entdeckungsreise durch die Ideen, die aus einem alten Stallgebäude der Jahrhundertwende seit den 1980er-Jahren ein vielfach preisgekröntes Gesamtkunstwerk gemacht haben. Das dunkle Holz typisch belgischer Kneipen, Art-déco-Leuchter, ringsum laufende Emporen als obere Etage, ein „jugendstiliges" großes Oberlicht mit den typisch floralen Motiven, eine Art Kanzel mit rundem Tisch für kleine Gruppen hoch im Raum, kleine Tische vor dem aus zig kleinen Scheibchen zusammengesetzten halbrunden Außenfenster der ersten Etage, kleine Feuerstellen, alte Theken – all das beschreibt nur, was man auf den quasi ersten Blick entdeckt. Hinzu kommen alte Werbeschilder, Exponate temporärer Ausstellungen und, und, und … Im Den Artiest ist allein das Ambiente schon einen Besuch wert. Dass man dort auch gut essen oder gemütlich „abhängen" kann, macht es noch reizvoller. Vom Grill kommen Filets von Rind, Schwein oder üppige Rippchenportionen, Thunfisch, Lachs oder Gambas. Witzig zu sehen, wie Besucher versuchen, Essen, Biergläser und das Ambiente für ein Foto zu vereinen. Womit sie indes nicht allein sind, denn auch professionelle Fotografen lieben die unendlichen Facetten dieser Gastronomie-Institution für ihre Bilder. Übrigens: Den Wow-Effekt im Den Artiest kann man bis kurz nach Mitternacht erleben.

● Taverne Den Artiest, Kapucijnenstraat 13, 8400 Oostende, Tel. +32 (59) 80 88 89
www.artiest.be
● ÖPNV: Kusttram, Haltestelle Oostende Marie-Joséplein

TOILET
Coca-Cola
ICE COLD
Tennessee

Einsteins Sommer im Exil

18

Auf den Spuren des Physik-Genies in De Haan

Der ältere Herr auf der Bank im kleinen Park ist schweigsam – und das nicht nur relativ. Die Figur von Albert Einstein erinnert zwar an ganz dunkle Zeiten in Europa, aber dass der Entwickler der Relativitätstheorie hier einige Monate zu Gast war, darauf ist De Haan doch bis heute etwas stolz.

Man kann dem Sommer 1933, den Einstein in De Haan verbrachte, an vielen Orten des Städtchens nachspüren. Einen Sommer, der den Übergang von der unbeschwerten Lust am Schönen, der mondänen Sommerfrische in den stilvollen Belle-Époque-Bädern und der düsteren Zeit der Nazis und des nahen Weltkriegs markierte.

Wenn man auf der Terrasse des Grandhotels Bellevue sitzt, sich einen Tee bestellt und auf das Treiben blickt, kann man sich Einstein ganz nah fühlen, der hier auch gern verweilte. Schon damals war das Hotel eines der ersten Häuser am Platz. Heute, liebevoll restauriert, verströmt es wieder seinen Glanz von einst. Der dreieckige Grundriss, die Türme mit herrlichen Turmzimmern, die fast filigranen Fenstereinfassungen, die beeindruckende Eingangstür an der Spitzseite zur Straße: Hier gefiel es dem Nobelpreisträger für Physik. Auf der Terrasse traf sich Einstein in diesem Sommer mit anderen Intellektuellen wie dem Schriftsteller Stefan Zweig oder dem Ostender Maler James Ensor.

Die Atmosphäre am Wasser hatte es Einstein angetan, so wie in seinem Sommerhaus in Caputh, wo er quasi vom Schreibtisch über den Schwielowsee und die Berliner Havelseen blicken konnte. Zur Sicherheit wählte er De Haan und mietete die Villa Savoyarde (Shakespearelaan 5 – heute in Privatbesitz mit einer Plakette vor der Tür) für den Sommer, bevor er über England in die USA auswanderte. Wie aus Fotos und Filmschnipseln bekannt ist, genoss der Physiker hier in entspannten Momenten den Strand vor eleganten Belle-Époque-Kulissen wie dem damaligen Grandhotel und heutigen Rathaus in der Leopoldlaan. Angesichts der aufziehenden dunklen Wolken des Weltkriegs ein fragiles Stückchen Glück im Jahr 1933.

● Albert-Einstein-Denkmal, Pr. Astridlaan 25B, 8421 De Haan
● ÖPNV: Kusttram, Haltestelle De Haan an Zee

Bahnhof mit Wasseranschluss

19

Ostende: der Zug nach Europa

Er ist ein echter Bahnhof am Meer. Die Bedeutung von Ostende Station sieht man auf den ersten Blick. Gewichtig und eindrucksvoll steht der Bahnhof da, mit einer mächtigen Kuppel, eingefasst von kraftvoll wirkenden rechteckigen Seitenbauten. Wer aus dem Prachtbau tritt, der merkt sofort, dass man quasi schon im Hafen ist. Denn in Richtung Stadt muss man über Hebebrücken die Hafenausläufer überqueren, sieht große Schiffe und schnieke Yachten im Vorhafen und bei günstigem Wind kann man die salzige Luft der 1 Kilometer entfernten Nordsee riechen. Welch ein Glücksgefühl für alle, die sich nach der Waserkante gesehnt haben!

Als Belgiens König Leopold II. den 1838 eröffneten ersten Bahnhof erbauen ließ, sollte er den Weg in die Sommerfrische erleichtern. Bei „Königs" wollte man angemessen kommod ins königliche Seebad reisen. Im Laufe der Zeit kamen im Gefolge des Monarchen und seines Hofstaats auch die damaligen „Reichen und Schönen" immer mehr auf den Geschmack eines mondänen Badeurlaubs an der Küste. Die royale Direktverbindung Brüssel–Ostende ergänzte im Laufe der Jahre eine ganze Reihe Zugverbindungen. Vor allem Engländer nutzten die kurzen Wege über den „Englischen Kanal" und die effektiven Verbindungen ab Ostende, um ihre Reise auf den Kontinent zu beginnen.

1893 wurde dann der heutige Bahnhof im Hafengelände erbaut, um die Rolle der Stadt im europäischen Verkehrsnetz zu fördern. Erfolgreich. Ab 1894 ging es per Zug von Ostende auf direktem Weg bis Wien – mit einem Kurswagen konnte man ab 1900 sogar ohne umzusteigen mit dem legendären Orient-Express bis Konstantinopel reisen. Vor einigen Jahren wurde der Kopfbahnhof aufwendig modernisiert, die Gleise und die Anbindungen an Busse oder die Kusttram sind architektonisch interessant überdacht. Die kunstvollen Details und neoklassizistischen Elemente beispielsweise in der Haupthalle, die Luxus und Glamour der Belle Époque widerspiegeln, vermitteln Reisenden bis heute erhabene Glücksgefühle.

- Ostende Station, Natiënkaai 1, 8400 Oostende
- ÖPNV: Kusttram, Haltestelle Oostende Station

Station OOSTENDE

Windjammer zum Anfassen

20 Der Museumssegler Mercator in Ostende

Die Kirsche auf dem Kuchen – das ist für eine jede Hafenstadt ein stattlicher Windjammer. Und Ostendes Kirsche ist ein besonders ansehnliches Exemplar. Fast 80 Meter lang liegt der Dreimaster Mercator seit 1963 als Museumsschiff im Yachthafen – mitten in der Stadt. Und damit wird Zugreisenden gleich vom Bahnhof aus sichtbar erklärt, wie stolz man in Ostende auf seine maritime Rolle ist. In schmuckem Weiß erlebt die über 90 Jahre alte sogenannte Barkentine (Stapellauf 1932 in Schottland) nach dem „Beruf" als Segelschulschiff nun ihre zweite Karriere. Und das durchaus überzeugend. Liebevoll werden Besucher durch die Welt eines Großseglers geführt. Auf dem Oberdeck staunt man über die plötzlich zu Beibootsgröße geschrumpften Segler im Yachthafen, die doch zuvor noch sehr stattlich aussahen. Mit dem Kopf weit im Nacken schaudert man etwas bei der Vorstellung, bei Wind und Wetter über die Wanten die hohen Masten zur Segelarbeit erklimmen zu müssen.

Bei 41 Ausbildungsreisen auf fast allen Ozeanen gingen jeweils rund 40 Kadetten durch die harte Schule des Großseglers. Wie sie lebten und arbeiteten, wird bei der Tour unter Deck sichtbar. Kombüse, Schiffsarzt, Offiziersmesse, Segelmacher und Seilerei – es ist immer wieder beeindruckend, wie raffiniert das Optimum aus den beschränkten Platzmöglichkeiten unter Deck herausgeholt wurde. Wie beispielsweise der Altar der Bordkapelle mit seiner Orgel sich den Raum mit Kartentischen und Hängematten teilt. Obwohl fast zehn Knoten schnell unter Segel: Mal eben beim Händler ein Ersatzteil holen, war nicht drin. Alles musste mit Bordmitteln repariert werden. Historische Exponate, Bordwerkzeuge, zeitgenössische Videos und Fotos ergänzen die Tour. Zurück auf dem Oberdeck kommt dann wieder etwas Windjammer-Stimmung auf. Ganz in Weiß, glänzendes, edles Holz, dazu polierte Metallbeschläge und Fittings aus Messing, blauer Himmel – die Führung auf der Mercator zaubert Besuchern ein glückliches Lächeln ins Gesicht.

● Zeilschip Mercator, Mercatordok, Jan Piersplein 2, 8400 Oostende
zeilshipmercator.be
● ÖPNV: Kusttram, Haltestelle Oostende Station

Der Küstenort der Kunst

21 Skulpturen und Belle Époque in Middelkerke

Faszinierende Skulpturen am Strand, beeindruckende Bauten aus der „schönen Zeit" der Wende zum 20. Jahrhundert und zeitgenössische Street-Art – in Middelkerke ist die Mischung von Kunst und Küste ein echter Glücksfall. Wahrscheinlich würden die fünf aus den letzten Beaufort-Triennalen von der Stadt gekauften Werke auch in anderer Umgebung funktionieren, aber umgeben von leichten Dünen und der Weite des weitläufigen Naturstrands ist ihre Wirkung einfach grandios.
Der zigtausendfach vergrößerte und nun 8 Meter große Wassertropfen „olnetop" mit seinen irritierenden Tentakeln oder einen kleinen Spaziergang weiter der aus klassisch-alten Zaunelementen erbaute Riesenbagger auf seinem Transportanhänger; die Frauenfigur, die hinter zwei meterlangen, aufs Meer gerichteten alten Hörrohren sitzt, mit dem Titel „I can hear it" – die Werke sind unübersehbare Wegmarken, die den Strandspaziergang künstlerisch untermalen. Auch sehr wirkungsvoll ist das „The Navigator Monument", ein zur Hälfte eingegrabenes hölzernes Schiffsteuerrad, das mit der Fantasie und der Sehnsucht nach der Weite des Meers spielt. Thema Spielerei: Am Strandzugang verblüfft das Werk „Metamorphosis" mit der Idee, in vier Schritten eine kriechende Kröte zu einem Tisch zu „morphen".
Der Weg in den Ort bringt einen enormen Zeitsprung mit sich. Unweit der Dame mit den 13 Meter langen Hörrohren kann man schon das ehemalige Hotel Bellevue aus dem Jahr 1909 sehen. Schon durch seine Rundform (daher auch Rotonde genannt) ein Unikat und eine Ikone der Baukunst in der Belle Époque. Innenansichten des Urlaubs in der „schönen Zeit" – von der guten Stube bis zum Badezimmer – zeigt die Villa Les Zéphyrs rund ein Viertelstündchen entfernt im Ort. Unterwegs sollte man unbedingt die Augen aufhalten, denn Street-Art-Künstler haben Belgiens Comic-Helden quer durch die Stadt in witzigen Szenen auf Fassaden gemalt. Zum Beispiel in der Prosper Pouletstraat.

● Kunstwerke der Beaufort-Triennale, entlang des Zeedijk, 8430 Middelkerke
www.triennalebeaufort.be/de
● Villa Les Zéphyrs, Henri Jasparlaan 173, 8434 Westende
● ÖPNV: Kusttram, Haltestelle Westende Bellevue

Paradies für Fischfans

22 Vistrap: Essen neben dem Kutter

Frisch vom Kutter auf den Tisch. Diese Redewendung wird an Ostendes Visserskai Wirklichkeit. Direkt am Kai, manche Fischerboote liegen nur einige Meter entfernt, ist der Glücksort für Fischfans. Hier ist der maritime Magen von Ostende – obwohl am Visserskai wohl auch Augen, Nase, Gaumen und Fantasie auf Höchsttouren laufen dürften. Hafenbecken mit Möwen, Kisten, die mit frischen Meeresfrüchten vom Kutter geladen werden, eine Markthalle mit Krustentieren und Fischen auf Eis, Imbissbuden mit überwältigender Vielfalt an Fisch to go oder auf der anderen Straßenseite fein eingedeckte Fischrestaurants: Die Szenerie lässt das Herz eines jeden schneller schlagen, der gerne Fisch- und Meeresfrüchte isst und auf Hafenflair steht.

Und hier kann man lecker essen: Die Vistrap, Ostendes Open-Air-Markthalle mit ihrem markanten Wellendach, ist ein echtes Erlebnis. Und authentisch dazu. Im 19. Jahrhundert verkauften an dieser Stelle Fischer und Crewmitglieder ihren Anteil am Fang – ein Großteil ging an die Reeder und Stammkunden – direkt an der „Fischtreppe". Heute kann man in der gleichnamigen Markthalle die faszinierende Fingerfertigkeit und Geschwindigkeit der Fischverkäuferinnen bewundern, mit der sie die von den Kunden ausgesuchten Fische filetieren und entgräten. Angesichts der prall gefüllten Eistische haben die Kunden die sprichwörtliche Qual der Wahl. Das gleiche Schicksal winkt ihnen nur einige Meter weiter an der langen Zeile der Imbissbuden am Kai. Frisch gekochte Garnelen natur oder mit ausgewählten Saucen, Seezunge – wer mit Freunden dort entlangbummelt, kann sich glücklich schätzen. An jeder Bude gibt es in Häppchen Aufgeteiltes zu probieren. Ausgesuchte Meeresfrüchte und Fische lassen sich auch „gediegen sitzend" in den Restaurants gleich gegenüber genießen. Auch hier wird der Bummel entlang der aushängenden Speisekarten zu einer Qual der Wahl. Bei diesem Ambiente ist es allerdings eine sehr angenehme Qual.

TIPP

Garnelen „pellen": die Garnele vorsichtig strecken, den Schwanz um rund 90 Grad drehen und abziehen.

● Vistrap, Visserskai, 8400 Oostende, www.visitostende.be
● ÖPNV: Kusttram, Haltestelle Oostende Station

GEROOKTE ZEEPALING
€ 1,60 / 100 gr
€ 16 / kilo
BIJ LIMA IS ALLES PRIMA
MAXI SCHOTELTJE
mmm...lekker...!!!
€ 4
BIJ LIMA IS ALLES PRIMA
onze specialiteit
€ 3
BIJ LIMA IS ALLES PRIMA
GEROOKTE SPROT
€ 2,50 voor 250 gr
BIJ LIMA IS ALLES PRIMA
SPROTFILET
€ 2 / 100 gr
BIJ LIMA IS ALLES PRIMA

Strand mit Aussicht

23 Wenduines Spioenkop: Belgiens zweithöchste Düne

Spioenkop – schon der Name spricht Bände. Es ist zwar „nur“ Belgiens zweithöchste Düne, doch durch den Pavillon am Gipfel ein fantastischer Aussichtspunkt an der Küste. Die Düne am Ortseingang von Wenduine ragt 31 Meter hoch über den Strand. Von diesem Ort sollen schon seit Jahrhunderten wachsame Blicke in Richtung Meer gegangen sein – der flache, breite Sandstrand bietet Feinden eine gute Möglichkeit zum Anlanden. Was beispielsweise im 18. Jahrhundert geschah, als französische Truppen eine englische Invasion fürchteten.

Heute sind es statt wachsamer mehr freudige Blicke, die ganz bewusst die einzigartige Rundumsicht genießen. Rechts kommen die Rotunde von Wenduine, die Strandpromenade und der Badeort in den Blick. Geradeaus und nach links die Nordsee, der breite Strand und dann das Hinterland. Eine solch fantastische Aussicht bietet nur der Spioenkop. Die Vielfalt und Ausdehnung der Dünenlandschaft und der Duinbossen („Dünenwälder“), die vom Strand kaum zu erkennen ist, zeigt sich von oben in ihrer ganzen Fülle. Man gewinnt im wahrsten Sinne des Wortes einen Überblick.

Bis nach oben zum weißen Pavillon mit seinem roten Dach sind viele Treppenstufen zu bewältigen. Dort oben erwarten einen dann strahlende Gesichter: Auf die Innenwände des Pavillons wurden freundlich lächelnde Comic-Köpfe gezeichnet – möglicherweise ein Verweis darauf, dass das Spioenkopje seit Generationen ein Treffpunkt für frischverliebte junge Paare des Orts ist.

Wer nach der Aussicht wieder an den Strand möchte, sollte einen kleinen Umweg durch die Dünenlandschaft machen. Zum einen, weil der Perspektivwechsel den eigentümlich herben Charme der Dünenbüsche und Bäume verdeutlicht. Zum anderen, weil rund 100 Meter entfernt in der Kunstsite De Persepit eine Reihe von Kunstwerken den Weg zum Strand „unterhaltsamer“ machen.

TIPP

Die Rotunde von Wenduine: ein sehenswertes Stück moderner Küstenarchitektur.

- Wenduine Spioenkop, Zeedijk, 8420 De Haan
- ÖPNV: Kusttram, Haltestelle Wenduine Centrum

Majestätisches Flanieren

24 Die royalen Galerien am Strand

Sie sind ein Muss in Ostende: die königlichen Galerien. Rund 380 Meter erstrecken sich die Säulengänge parallel zum Strand. Imposant, eindrucksvoll und majestätisch – womit man bei letzterem Wort schon auf der richtigen Fährte ist. Denn in der Tat gab König Leopold II. diese überdachten Wandelgänge Anfang des 20. Jahrhunderts in Auftrag. Sie sollten ihm und seinen hochwohlgeborenen Gästen auf dem Weg vom königlichen Palais zur königlichen Pferderennbahn Schutz vor so profanen Widrigkeiten wie Regen oder zu starker Sonne bieten. Wie bei „Königs" damals üblich, wurde die Idee vom „Dach überm Kopf" zu einem Prestigebau, der seine Wirkung bis heute nicht eingebüßt hat. Erstaunlich schlank und mit großzügigem Blick auf Strand und Meer für jene, die darunter flanieren, vom Strand aus gesehen indessen raumgreifend und mächtig.

Wie gesagt, das Konzept eines repräsentativen königlichen Sommersitzes funktioniert heute noch. Nicht zuletzt dank jahrhundertealter Erfolgsrezepte. So sollen beispielsweise die paarweise angeordneten dorischen Säulen bewusst an die römische Architektur aus der Zeit des Kaisers Hadrian erinnern. Heute wird die einzigartige Lage der Galerien für verschiedene Kunstprojekte und Ausstellungen genutzt. Vom Strand aus bietet sich ebenfalls ein besonderer Anblick – über die kleinen Sonnenschirme der Badegäste und die Strandhütten aus Holz dahinter zu den Galerien, die sich lang vor dem Hotel Thermae Palace ausstrecken. Optisch setzt der stolze Prunkbau den langen Wandelgängen mit architektonischer Wucht eine Krone auf. In den 1930er-Jahren wurde es im exklusiven und schicken Seebad Ostende als bestes Haus am Platz errichtet. Hier genossen die Reichen und Schönen ihre Sommerfrische. Wer dieser mondänen Zeit nachspüren will: Ein Lunch (reservieren!) in der Hotel-Brasserie Albert ist wie eine Zeitreise.

- Konigliche Galerien, Koning Boudewijnpromenade 10, 8400 Oostende
  www.visitoostende.be
- ÖPNV: Kusttram, Haltestelle Koninginnelaan

Die Hähne von De Haan

25

Federvieh als Steilvorlage für Spielereien

Der Hahn von De Haan – das namensgebende Federvieh ist in dem Küstenort omnipräsent. Gern auch mal mit einem deutlichen Augenzwinkern. Die Kreativität der Menschen hier beim Spiel in der „Hahn-Huhn-Galaxis" sorgt bei einem Spaziergang durch den wohl stilvollsten Ort der Küste für zusätzliche Akzente. Allein rund 20 größere Hahnfiguren werden offiziell benannt. Manchmal mannshohe Standbilder mit farbenfroher Bemalung, manchmal etwas abstrakter, manchmal im Laufe der Zeit von Wind, Wasser, Sand und Salz mit wunderschöner Patina verziert.

Es lohnt auch, jenseits des öffentlichen Raums nach Referenzen an den Hahn Ausschau zu halten. Gartenzwerge beispielsweise findet man in De Haan kaum, ihre Rolle haben Gockel und Glucke übernommen. Manchmal so kitschig, dass man die Figürchen fast wieder zu Kunstwerken erklären könnte. Das Spiel mit dem Hahn scheint ein Running Gag im Ort zu sein. Sonnenschirmständer in der Form eines Hühnerfußes, Schirmchen auf – Achtung Wortspiel – Cocktail-Gläsern in Form eines stolzen Hahn-Heckgefieders: Kreativität und Spaß scheinen kaum Grenzen gesetzt.

Apropos Wortspiel: Wahrscheinlich ist man in De Haan dankbar für die Mehrsprachigkeit Belgiens. Denn obwohl die kreativen Wortspielereien mit Hahn und Huhn schon auf Flämisch beeindruckend sind, schaffen Französisch, Englisch oder manchmal auch Deutsch zusätzlichen Freiraum für Hausnamen oder Geschäftsbezeichnungen. Manchmal allerdings geht auch etwas schief, „de Hahnrei" vor einem Haus rückt den dortigen Ehemann in ein eher ungünstiges Licht.

Selbst beim Essen ist man vor den Hahnverrückten nicht sicher. Die Frühstückskarte im empfehlenswerten Apart!Moment! (De Coqisserie) bietet „Einschlägiges": Kippen-, Kuiken- oder Haanenontbijt, eine Kiekenbox für die Menschen-Küken oder ein Kipfit-Frühstück für Fitnessjünger. Ach ja, der Legende nach lotste der Schrei eines Hahns verirrte Fischer im dichten Nebel sicher nach Hause. Eine schöne Geschichte, aber der heutige Spaßfaktor macht De Haan zum Glücksort.

● Apart!Moment! (De Coqisserie), Koninklijke Baan 29, 8420 De Haan, Tel. +32 (59) 43 00 43, www.apartmoment.be/de
● ÖPNV: Kusttram, Haltestelle De Haan an Zee

#mijnapart
moment

Plaudern mit Patina

26 Ostendes Klassiker: das Hotel du Parc

Hier scheint die Zeit eine Pause gemacht zu haben. Betritt man das Hotel du Parc, dann führt jeder Schritt tiefer in die Kaffeehauskultur der Vorkriegszeit. Jugendstilscheiben, leicht trübe Art-déco-Lampen an der Decke, Fauteuils mit etwas abgesessenem Leder, leicht verbeulte Kaffeefilter auf den Tassen, Kellner in klassischem Schwarz und weißem Hemd – würde man eine Filmszene aus einem Café der 1930er-Jahre drehen wollen, wäre der Requisiteur hier arbeitslos. Hier wirkt und ist nichts inszeniert. Wahrscheinlich würden sich viele Gäste aus der Vorkriegszeit schnell wieder heimisch fühlen.

Thema heimisch: Seinen Status als Klassiker der Cafés in Ostende erwarb das „du Parc" in der Vorkriegszeit. Die Nazi-Bedrohung trieb viele deutschsprachige Intellektuelle ins Ausland, das mondäne, weltgewandte und verkehrsgünstig gelegene Ostende war ein Treffpunkt. Und deren Treffpunkt in Ostende war die Brasserie des du Parc. Literaten mit klangvollen Namen gingen ins Ostender Exil und im damaligen Café du Parc ein und aus. Für sie wohl auch ein Glücksort. Wie als Beweis steht über einem Eckplatz eine leicht ergraute Fotografie auf dem Wandsims: Sie zeigt Stefan Zweig und Joseph Roth, die auf der Terrasse ihres Lieblingscafés lachend disputieren. Die beiden Literatenfreunde – der eine wohlhabend und erfolgreich, der andere ständig pleite und gegen den Alkohol kämpfend – waren hier Stammgäste. Zu den illustren Gästen gehörten auch „der rasende Reporter" Egon Erwin Kisch, der König der Zeitungsreportage. Ebenso wie Hermann Kesten, Ernst Toller und Arthur Koestler. Im Roman „Ostende – 1936, Sommer einer Freundschaft" beschreibt Volker Weidemann sehr stimmungsvoll die ambivalente Atmosphäre zwischen dem kleinen Glück im Exil und den dunklen Wolken des heraufziehenden Kriegs, der eine erneute Vertreibung mit sich brachte. Es wäre schon spannend, wenn die Wände und die Tische im „du Parc" erzählen könnten.

- Hotel du Parc, Marie-Joséplein 3, 8400 Oostende, Tel. +32 (59) 79 05 40
www.brasserieduparc.be
- ÖPNV: Kusttram, Haltestelle Oostende, Marie-Joséplein

Joseph Roth
Stefan Zweig
CHRISTOPHE GEVERS

Gotteshaus mit Weitblick

27 Ostendes Sint-Petrus-en-Pauluskerk

Sie liegt wie in einem Trichter, Ostendes Vorzeigekirche Sint-Petrus-en-Paulus. Direkt vom Visserskai am Hafen kann man die sorgfältig geschaffene Blickachse bestaunen, mit der das neogotische Gotteshaus sich den traditionell um himmlischen Beistand bittenden Schiffern präsentiert. Nur rund 300 Meter trennen das Hauptportal vom Hafenwasser und den vorbeiziehenden Schiffen. Eher schmal an der Häuserfront zum Hafen, weitet sich der Platz immer mehr, um dann Raum zu geben für eine angemessene Inszenierung der Sint-Petrus-en-Pauluskerk. Beim Bau der 1905 fertiggestellten Kirche – ihre Vorgängerin war ein Raub der Flammen geworden – sollen Anleihen bei bedeutenden Kathedralen und Kirchen Europas gemacht worden sein.

Wie auch immer, die Sint-Petrus-en-Pauluskerk mit ihrem kruzifixartigen Grundriss ist schon mit 70 Metern Länge eindrucksvoll. Das imposante Hauptportal blickt in Richtung Wasser, wo die Nachfolger des ehemaligen Fischers Simon Petrus seit vielen Jahrzehnten arbeiten. Fischer und Kirche haben traditionell eine innige Verbindung. Seeleute pilgerten und pilgern zur Kerk: bei der Rückkehr, um für die sichere Fahrt zu danken, oder um vor der Ausfahrt um himmlischen Segen zu bitten. Flankiert wird das Portal von zwei schlanken, über 72 Meter in die Höhe ragenden Türmen. Ringsum wimmelt es vor verzierten Türmchen, verschnörkelten Erkern und filigranen Giebeln. Diese Gestaltungsfülle setzt sich im Kircheninneren fort. Die Pracht der hohen Gewölbedecken, die kunstvollen Glasmalereien mit ihren Motiven aus der Stadtgeschichte oder der Bibel sowie die liebevoll gestalteten Altäre beeindrucken. Interessant: Hinter der Kirche birgt eine kleine Kapelle aus blütenweißem Carrara-Marmor das Grabmal der 1850 in Ostende verstorbenen belgischen Königin Luise-Marie. Zurück auf den Vorplatz. Wenn die Sonne auf die Sint-Petrus-en-Pauluskerk scheint und ihre Türme in den strahlend blauen Küstenhimmel zu ragen scheinen, würde man auf Neudeutsch sagen: „Das kann was."

- Sint-Petrus-en-Pauluskerk, Prins Boudewijnstraat, 8400 Oostende
- ÖPNV: Kusttram, Haltestelle Oostende Station

Spaziergang der Kontraste

28

An Ostendes Strand zwischen mondän und modern

Das Ganze ist mehr als die Summe seiner Teile: Wer sich zu einem Spaziergang entlang der Küstenlinie von Ostende aufmacht, den erwarten überraschende Einblicke. Royale Prestigebauten, die mondäne Seebäderkultur der Herren Fabrikbesitzer nebst Gattinnen, bürgerliche Urlauberfamilien in Beachclubs vor der Promenade – es ist spannend, zu sehen, dass sich trotz aller Gegensätze dennoch alles irgendwie zusammenfindet.

Beispielsweise die Galopprennbahn Wellington. Von Leopold II. im Jahr 1894 als standesgemäßes Freizeitvergnügen für den Adel und die Upperclass ins Leben gerufen, feuern heute Urlauber und Einheimische auf der denkmalgeschützten Tribüne die Vollblüter an. Ein Stück weiter Richtung Innenstadt die Königlichen Galerien mit dem Nobelhotel Thermae Palace quasi als Ikonen des royalen Statusdenkens. Auch hier hat sich indes die Neuzeit eingeschlichen. Moderne Kunst in den Kolonnaden und vom Zeedijk bis zur Parijsstraat die Sterne des Flämischen Walk of Fame auf dem Pflaster. Film-Actionheld Jean-Claude van Damme wurde hier gewürdigt, „James Bond" Pierce Brosnan und der Deutsche Moritz Bleibtreu sind hier ebenfalls verewigt. Weiter Richtung Innenstadt weicht auch in Sachen Bebauung das Elitäre, das Noble schlichter Bürgerlichkeit. Vielstöckige Häuser beherrschen die Uferzeile, geeint durch möglichst große Fensterfronten. Quasi königlicher Meerblick für die „Jedermanns". Aber – und dies erschließt sich erst im Verlauf des Spaziergangs – auch hier gibt es Kontraste: die Villa Maritza (Nr. 76, Albert-1-Promenade) beispielsweise. Umwerfend repräsentiert dieses Belle-Époque-Juwel – rechts und links von mächtigen Glasfassaden eingerahmt – fast trotzig die großen Zeiten des Seebads. Ein ähnlich krasser Gegensatz einige Schritte weiter: die klassische Statue der Seehelden und die abstrakten Rock Strangers auf der Zeeheldenplein.

TIPP

Viel Platz auf der Speicherkarte schaffen, die Kontraste sind fotogen.

- Königliche Galerien, Koning Boudewijnpromenade 10, 8400 Oostende
- Wellington Rennbahn, Konigin Astridlaan 10, 8400 Oostende
- ÖPNV: Kusttram, Haltestelle Oostende Renbaan

BOULI LANNERS
FILMFESTIVAL
OOSTENDE
2022

Street-Art als Stadtführer

29 Die Spuren von The Crystal Ship

Dies ist nicht nur ein Glücksort in Ostende, es sind mindestens 80. Mindestens, denn zusätzlich zu den 80 Werken international renommierter Künstler beim Street-Art-Festival „The Crystal Ship" soll es noch einige versteckte geben, die die Künstler abseits des offiziellen Katalogs hinterlassen haben. Insider raten, sich im Umfeld der bekannten Objekte etwas genauer umzusehen, um die kleinen Späße zu entdecken.

Das 2016 in Ostende vom Stapel gelaufene Crystal Ship ist mittlerweile zu einem der bedeutendsten Projekte seiner Art in Europa geworden. Die Exponate entlang des Ostender Kunstparcours beziehen die ganze Stadt ein. Die Bandbreite reicht von teilweise imposant großen Wandmalereien, Graffiti oder Plakatwänden über Skulpturen bis hin zu Installationen. Manche werden nach dem jährlichen Festival wieder entfernt, manche – derzeit rund 80 – sind geblieben. Sie sind nicht nur Akzente im Stadtbild, man kann sie auch als Wegpunkte bei einem Spaziergang durch die Hafenstadt ansteuern.

Unübersehbar ist natürlich, wenn ganze Häuserfassaden umgestaltet wurden – mit Comicfiguren, einem denkmalartigen Reiterstandbild oder einem riesigen Blauwal. Andere Objekte wie am Brunnen vor dem Kursaal transportieren erkennbar gesellschaftliche Aussagen. Ein aus einem 5-Euro-Schein gefaltetes Kriegsschiff in einer Milchflasche – eine Art überdimensionales Buddelschiff – ist ein kritisches Werk des US-Künstlers Tom Herck. Die Entdeckungsreise durch die Ostender Welt der Street- Art hat scheinbar unendlich viele Facetten. Auf der Website sind viele Exponate schon vorab zu sehen. Um den Überblick vor Ort nicht zu verlieren, kann man sich einer geführten Stadt-Street-Art-Wanderung anschließen. Zeitgemäß, sprich online, führen auch Handy-Apps zu den Werken, ja sogar ein Chatbot (allerdings nur Niederländisch) hilft, die Kunst in den Straßen zu finden.

TIPP

Pause machen in einer klassischen Kneipe mit großer Bierauswahl: Café Botteltje in der Louisastraat 19.

- Street-Art-Festival „The Crystal Ship", www.thecrystalship.org
- ÖPNV: Kusttram, Haltestelle Oostende Station

MER SEA
BRASSERIE
LOUISA
MESA

Exotische Oase in Grün

30 Japanischer Garten im Schwimmbad

Es ist eine grüne Oase der Ruhe. Mitten in Ostende, im ehemaligen Schwimmbad des Königlichen Parks, bietet sich Besuchern ein bemerkenswertes Stück Besinnlichkeit. Auch wenn der 2001 eingeweihte japanische Garten in sich ein Füllhorn von Eindrücken bereithält, ist seine fast meditative Ruhe ideal für eine wohltuende Pause beim neugierigen Entdecken der Küstenstadt. Die Mauern des alten Bads ringsum fügen noch ein weiteres Stück Abgeschiedenheit hinzu.

Die Anlage wurde vom japanischen Architekten Takashi Sawano konzipiert und wurde Shin Kai Tei (Tradition – Meer – Garten/Heiligtum) genannt. Wasser, Karpfen, Steine, Pflanzen, Kies und Brücken zählen zu den traditionellen Elementen der jahrhundertealten Gartenbaukunst in Fernost. Kernstück des rund 2000 Quadratmeter großen Ensembles ist folglich ein Teich, hier in der Form einer Schildkröte. Ihn queren hölzerne Überwege im traditionellen Stil mit überlappenden Bohlen und rechtwinkligen Richtungswechseln. Von ihnen kann man die sanft dahingleitenden Koi-Karpfen mit ihrem wunderbaren Farbspiel beobachten.

Die Erfahrung aus unendlichen Generationen japanischer Gartenbaukunst erzielt auch in Ostende den gewünschten Effekt. Ruhe und Harmonie bestimmen die Atmosphäre. Man sitzt auf einer der Bänke und freut sich, in den scheinbar willkürlichen Steinanordnungen doch ein System zu erkennen. Oder über herrlich ausgewogene „Bodenmalereien“ aus Kies, Sand und Steinen. Auch Anordnung und Beschnitt der Pflanzen verkörpern die innere Ruhe und Ausgeglichenheit, die die asiatische Gartenkultur so faszinierend macht.

Ganz anders, aber ebenfalls wohltuend, ist auch ein Bummel durch den ehemaligen Garten der Königlichen Villa ringsum. Seine alten Bäume sind gerade in den Sommermonaten an der Küste willkommene Schattenspender. Die angrenzende ehemalige Königliche Villa ist mittlerweile eine Seniorenresidenz im imposanten royalen Outfit.

- Japanse Tuin, Konigin-Astridlaan, 8400 Oostende, www.visitoostende.be
- ÖPNV: Kusttram, Haltestelle Oostende Koniginnenlaan

Zwischen Island und Rotlicht

31 Ostende: Einblicke ins Leben der Hochseefischer

Auf den ersten Blick wirkt er wie jemand im Blaumann unter Sommerfrischlern. Und irgendwie ist es auch so, weil der Fischtrawler und letzte „Islandfahrer“ direkt neben Ostendes Yachthafen und einen Steinwurf vom Bahnhof entfernt steht. Obwohl die „Amandine 0.129“ im Fischer-Ruhestand ist, führt sie seit 1995 wieder ein „erfülltes“ Leben: Der Trawler aus den 1960er-Jahren ist in ein spannendes Museum umgestaltet worden.

Es veranschaulicht das Leben von vielen Generationen von Hochseefischern bei ihren wochenlangen Fangfahrten. Derweil kümmerten sich die Frauen zu Hause um Kind und Kegel, Haus und Hof. Sie gingen für den Lebensunterhalt auch selbst in den Küstengewässern aufs Wasser, fingen Fisch und Krustentiere und wurden somit von Fischerfrauen zu Fischerinnen. Die Fangfahrten in die fischreichen Gewässer um Island – das bevorzugte Ziel der Fischer über Jahrzehnte – waren hart und entbehrungsreich. Arbeit und Leben an Bord werden mit vielfältigen Mitteln dargestellt. Dazu gehören audiovisuelle Elemente und lebensechte Fischerpuppen bei typischen Arbeiten, Geräusche, ja sogar Gerüche. Die Entdeckungsreise von der Brücke über die Laderäume und Kajüten bis zum Maschinenraum erweckt die harte und gefährliche Arbeitswelt der damaligen Fischer immer wieder vor dem geistigen Auge zum Leben. Die Figur eines jungen Fischers mit Schaufel verdeutlicht beispielsweise, welch eine Knochenarbeit das Einlagern von rund 60 Tonnen Kabeljau auf rund 25 Tonnen Eis gewesen sein muss. Pfiffig und spektakulär: Rings um die Amandine kann man durch Glasfenster hinab in die zweite Ebene des Museums blicken. Auf der Rückseite des Trawlers taucht man dann noch weiter in das Leben der Hochseefischer ein: Eine kleine Straße wurde im Stil des Ostender Fischerviertels der 1960er-Jahre nachgebaut – mit zeitgenössischen Geschäften, Kneipen und einer Ecke wie aus dem damaligen Ostender Rotlichtviertel.

- Museumsschiff Amandine, Vindictivelaan 35Z, 8400 Oostende
  www.zeilschipmercator.be/amandine
- ÖPNV: Kusttram, Haltestelle Oostende Station

O.129 AMANDINE

Belgisches Gesamtkunstwerk

32 Das Mu.ZEE: vom Warenhaus zum Museum

Lichtdurchflutete Räume sind ein Markenzeichen des Mu.ZEE. Und es ist ebendieses Licht von Ostende, das die Maler James Ensor und Léon Spilliaert an ihrer Heimatstadt faszinierte und zu ihren Werken inspirierte. Viele dieser Werke sind wiederum in ebendiesem Mu.ZEE (Kunstwort aus Museum am Meer, niederländisch Zee) zu sehen. Kunstliebhaber können sich auf einen einzigartigen Überblick über die belgische Kunst von 1880 bis heute freuen.

Ensor und Spilliaert und auch der Expressionist Constant Permeke sind in ihrer Heimat die klangvollsten Namen, doch Belgiens beeindruckende Fülle und Vielfalt an Künstlern und Kunstrichtungen ist immer wieder eine Entdeckungsreise wert. Manche Werke wie „Strandszene mit Badenden“ von Jean Brusselmans aus dem Jahr 1935 oder „Christus beruhigt den Sturm“ (James Ensor, 1891) haben erkennbare Bezüge zur Küstenstadt Ostende, andere wie Ensors „Selbstporträt mit Blumenhut“ sind weltbekannte Meisterwerke. Die Bandbreite der Formen und Stile ist groß: Skulpturen, Statuen, Bilder, Zeichnungen, Fotos – es gibt eine Vielzahl von Hinguckern.

Zudem ist das Mu.ZEE selbst eine Art Kunstwerk, das nicht nur Architekturfans überrascht. Eigentlich führte das Gebäude seit 1950 ein normales Leben als Kaufhaus einer Kooperative. Nachdem diese 1981 pleitegegangen war, zog 1986 das Museum für Moderne Kunst der Provinz ein. 2009 wurde es durch den Zusammenschluss mit einem weiteren städtischen Museum zum Mu.ZEE. In der Folgezeit bekam das Kaufhaus aufwendige museumstaugliche Strukturen, wurde aber so feinfühlig gestaltet, dass das alte „Wesen“ des Warenhauses wieder einzog. Die großen Fensterfronten sind nun selbst zu Stilelementen geworden, die große Treppe wurde wie eine zeitgenössisch anmutende Skulptur inszeniert, alte Teppichspuren und Stellwände als Raumelemente neu arrangiert. Somit ist der Bummel durch das Mu.ZEE ein Bummel durch ein Gesamtkunstwerk.

● Mu.ZEE, Romestraat 11, 8400 Oostende, Tel. +32 (59) 50 81 18, www.muzee.be
● ÖPNV: Kusttram, Haltestelle Oostende Station

Belle Époque bis heute

33 Durch De Haans Concessie-Viertel

Man sieht es auf den ersten Blick: De Haan ist anders als die übrigen Orte an der flämischen Nordseeküste. Hier gibt es keine Skyline, hier bestimmen locker angeordnete Häuschen das Bild. Viele davon aus der Belle Époque und liebevoll gepflegt, damals wie heute echte Hingucker. Weiß getünchte Fassaden, rote Ziegeldächer, Balkons mit schmiedeeisernen Geländern, kleine Erker, einfallsreiche Grundrisse, Zierelemente aus Art déco und Art nouveau. Vor jedem Haus sorgt ein eigener Garten für Abstand zum Nachbarn und damit für „unverdichtete" Bebauung. Was für ein Glück.

Zu verdanken ist es einem stilbildenden Konzept, das ab 1889 für auf Erbpachtgrund erbaute Häuser strenge Abstands- und Höhenvorgaben machte sowie den Erhalt des hügeligen Landschaftsbilds in den Dünen vorschrieb. 1910 konzipierte dann der Aachener Stadtplaner Josef Stübben das Areal, das heute Concessie-Viertel genannt wird. Die sogenannte Erfgoedwandelroute führt durch diese vielfältigen Belle-Époque-Bauten, zeigt aber bei einem Abstecher in die Dünen auch, wie Baustil und Raumordnung sich ins Bild der Landschaft einpassen. Markierungen auf dem Bürgersteig sind ab dem Bahnhof die Wegweiser auf der rund 3 Kilometer langen Entdeckungsreise in die Belle Époque.

Wie Individualität und Kreativität der Häuser die „schöne Zeit" in der Architektur widerspiegeln, kann man auch bei einer Stippvisite am Anfang der Rembrandtlaan herausfinden: Backstein, weit heruntergezogene, verwinkelte Dächer mit pfiffigen Giebelkonstruktionen – und bei aller Individualität ein harmonisches Gesamtbild. Diese Stimmigkeit wird in De Haan sehr geschätzt, der gesamte Ort wirkt homogen, Ausreißer sind selten, eine Wohltat für ästhetische Gemüter. Als 1979 die 90-jährige Erbpacht auslief und das Concessie-Land an den Staat zurückfiel, da führte dieser auf den lautstarken Wunsch der Einwohner von De Haan die Regeln fort. Die Belle Époque von De Haan konnte weitergehen.

- Rembrandtlaan, 8420 De Haan, www.visitdehaan.be
- ÖPNV: Kusttram, Haltestelle De Haan an Zee

Kokettes mit Kroketten

34

Lieblingsgericht am Hafen von Ostende

Der Name ist kokett: Madam Kroket. Vor allem in einer Stadt, in der die berühmten Garnelenkroketten so etwas wie ein kulinarisches Wahrzeichen und Kulturgut sind. Wenn man bei Madam Kroket durch die Türen am Visserskai geht, dann dreht sich alles um die panierten und frittierten Rollen. Sie bevölkern die Thekenauslagen in einer Vielfalt, dass man erst einmal nur gucken möchte. Und staunen. Wer Kroketten nur als Kartoffelersatz kennt, der erlebt sein kulinarisches Wunder. Denn so manche Kreation ist wahrlich kokett: Chicorée mit Schinken beispielsweise, oder Hühnchen mit Champignon und Kastanie. Dazu natürlich maritime Klassiker, beispielsweise mit Muscheln, Hummer, Krabben oder Lachs. Zudem noch mit Parmesan oder Ziegenkäse – all diese und noch viele mehr warten liebevoll dekoriert auf den Augenblick, an dem sie im brutzelnden Fett der Fritteuse goldgelb werden dürfen. Und sie warten meist nicht lange. Ein „Kroketje" geht als Snack an der Küste eigentlich immer. Hinzu kommt die Lage am Visserskai mit Blick auf Wasser und Hafen – so lässt sich „smakelig eten".

Glaubt man Gastrokritikern, dann geben die kleinen Details rings um die Präsentation der Speisen große Hinweise auf die Liebe zum Produkt. Auch hier: Eigentlich ist die Gestaltung des Ladens eher kühl, doch überall findet man als kleine Akzente das Logo und pfiffige Ideen, aus denen die Freude von Chefin und Mitarbeitern an den Details, den Kleinigkeiten, deutlich wird. Natürlich sind hier die Rezepte Betriebsgeheimnis, aber am Beispiel der klassischen Ostender Garnelenkrokette wird deutlich, dass die Rollen keineswegs Fast Food sind. Die im Umkreis von höchstens 10 Kilometern vor der Küste gefangenen Garnelen müssen mindestens ein Drittel der Teigmasse ausmachen. Und diese wiederum muss mindestens eine Nacht ziehen, bevor sie am nächsten Tag klassisch paniert auf ihr Bad im 170 Grad heißen Fett wartet. Serviert wird sie zusammen mit frittierter Petersilie – Madam Kroket ist ein Glücksort für den Gaumen.

- Madam Kroket, Visserskaai 44, 8400 Oostende, Tel. +32 (4 98) 39 67 17
  www.madamkroket.be
- ÖPNV: Kusttram, Haltestelle Oostende Station

MADAM
KROKET
Heerlijk Ambachtelijk

Sag nie nur Haltestelle

35 Der stilvolle Tram-Bahnhof von De Haan

Man müsste es zur Pflicht machen, nur mit der Kusttram nach De Haan zu reisen. Denn der kleine „Bahnhof“ mitten im Ort ist der schönste an der ganzen Strecke der Küstenstraßenbahn. Vor allem aber ist er eine fast perfekte Inhaltsangabe für das, was De Haan Besuchern zu bieten hat: einen Küstenort mit ganz viel Charme aus der guten alten Zeit. Für das mit Liebe vor einigen Jahren restaurierte Gebäude aus dem späten 19. Jahrhundert ist der Begriff „Bahnhof“ angesichts der beiden Gleise der Kusttram vielleicht etwas zu groß, aber schlicht und profan „Straßenbahnhaltestelle“ zu sagen, grenzt an eine Beleidigung.

Das 1902 fertiggestellte Gebäude – damals begann die Elektrifizierung erst und die Bahnen dampften zumeist noch die Küste entlang – zeigt den anglonormannischen Stil, in dem auch zahlreiche Häuser im kleinen De Haan errichtet wurden. In dieser Zeit war die Tram die „natürliche Verlängerung“ für Bahnreisende, die zur Sommerfrische an die mondäne belgische Küste kamen. Die Fährverbindungen von Dover sowie die Direktverbindungen per Zug aus den europäischen Metropolen nach Ostende machten es möglich. Weit überstehende und von eisernen Trägern im Art-déco-Stil gestützte Dächer bieten den Wartenden in De Haan seitdem einen guten Wetterschutz. Rote Dachziegel, kleine dreieckige Dachfenster, durch zahlreiche Stege kleinteilige Fenster im Parterre – De Haan Station wäre ein pittoreskes Highlight für jede Modelleisenbahn. Bemerkenswert: In Richtung der Gleise prangt im Giebel ein stolzes flämisches „De Haan aan Zee“, auf der Seite zum Ort das französische „Le-Coq-sur-mer“. Am gegenüberliegenden Gleis bietet ein Pavillon im ähnlichen Stil den Fahrgästen Schutz. Einfach ein hübsches zeitgenössisches Ensemble. Kein Wunder, dass Bilder der Tramstation von De Haan die Objektive und Handy-Kameras der Besucher geradezu magnetisch anziehen.

- Tram-Bahnhof De Haan aan Zee, Tramlijn Oost, 8460 De Haan
- ÖPNV: Kusttram, Haltestelle De Haan aan Zee

COQ
SUR
MER

Von „Königs“ zum Bürger

36 Das Stadsmuseum des Seebads Ostende

Die steinernen Zeugen aus der Hochzeit der Seebäder kann man an der ganzen Küste entdecken. Wie aber entstand diese Mode, wie wurde aus einem exklusiven königlichen Erholungsort die gutbürgerliche Sommerfrische des 19. Jahrhunderts? Im Stadsmuseum von Ostende lässt sich diese Entwicklung anhand vieler Exponate spannend und plastisch nachvollziehen. Zudem ist wohl kein Ort so beispielhaft für diese Zeitreise wie Ostende – die „Königin der Seebäder“. Im Gefolge von „Königs“ strebten auch die Reichen und Schönen Belgiens an die Küste, man fuhr ans Meer, hier war der Ort zum Sehen und Gesehenwerden für die High Society. Der englische Begriff weist auch geografisch in die richtige Richtung, denn ein mächtiger Treiber für den Aufstieg Ostendes zum internationalen Treffpunkt waren der Hafen am Ärmelkanal und der Bahnhof. Für die reisefreudige englische Upperclass war es mit der Fähre von Dover nach Ostende ein Katzensprung – und Ostende durch die einzigartige Zuganbindung des königlichen Bahnhofs mit Direktverbindungen nach Berlin oder zum Orient-Express ein ideales Sprungbrett auf den Kontinent.
Bilder, Fotos und viele detailverliebte Schiffsmodelle zeigen im Stadsmuseum überaus eindrucksvoll, wie aus Fährbooten immer größere Fährschiffe wurden. Auf historischen Bildern sind die ersten Badewagen zu sehen, die vor klassizistischen Hotelbauten noch von Pferden über den Strand gezogen wurden. Liebevoll dekorierte Modelllandschaften oder nachgestellte Zimmereinrichtungen machen auch die Zeit Ostendes vor der Seebadmode wieder lebendig. Ein Gemälde zeigt beispielsweise den alten Fischmarkt aus dem Jahr 1677. Davor „betritt“ man das heutige Ostende, denn auf dem Fußboden ist ein Plan der jetzigen Stadt aufgebracht. Die Mischung aus Multimedia, Inszenierungen, Modellen und Originalstücken, Fotos und Gemälden vermittelt viel Spannendes, um die belgische Küste dann selbst mit geschärftem Blick zu entdecken.

- Stadsmuseum Oostende, Langestraat 69, Oostende 8400, Tel. +32 (59) 51 67 21
www.oostende.be/stadsmuseum
- ÖPNV: Kusttram, Haltestelle Oostende Station

PRINCE PHILIPPE
OOSTENDE

Die Schlümpfe am Strand

37 Mit Comicfiguren Middelkerke entdecken

Lucky Luke, die Schlümpfe oder Tim und Struppi – in Middelkerke sind Comic-Helden so etwas wie ein roter Faden durch die Stadt. Beispielsweise beim Bummel über die lange Strandpromenade in Richtung Westende sind ihre Skulpturen immer wieder kleine Schmankerl und gern gesehene und fotografierte Unterbrechungen. Viele der Figuren sind zwar bei den comicverliebten Belgiern seit Kindesbeinen bekannt, aber in Deutschland zumeist nur Liebhabern und Kennern.

In Belgien ist die „neunte Kunst" hochgeachtet, das nationale Comicmuseum in Brüssel ist ein Highlight der Hauptstadt. Und Comics sind bei den Nachbarn keineswegs „Kinderkram", sondern gängige Unterhaltung für Erwachsene, ein Wirtschaftsfaktor und ein Stück Nationalstolz. Mehr als jedes zweite in Belgien neu erscheinende Buch ist eine Zeichengeschichte, insgesamt kommen über 40 Millionen Bände alljährlich in den Verkauf. So schmunzeln Alt und Jung, wenn sie den Figuren auf der Promenade begegnen: den eifrig und fleißig hämmernden Schlümpfen, dem würdevoll mit seinem Schwert stehenden Roten Ritter, dem Muskelmann Jerome (in Deutschland als Wastl bekannt) oder dem Marsupilami. Und natürlich Lucky Luke, dem Mann, der schneller schießt als sein Schatten, mit einem der fiesen Daltons. Manche Zeichenhelden wie Cowboy Henk, Stewardess Nastasja oder Jommeke sind zwar eher unbekannt, aber ihre Figuren funktionieren durch die gewollt übertriebenen Körpermerkmale auch als Skulpturen. Das entfacht nicht nur bei nostalgischen Comic-Freaks Begeisterung. Auch durch die Stadt ziehen sich die Comic-Motive – ob als Street-Art, Plakat oder Skulptur, beispielsweise an der Prosper Pouletstraat, der Oostendelaan oder Populierenlaan. Irgendwie sind diese urbanen Akzente ein gelungener Kontrast zum anderen Highlight von Middelkerke: dem fast 10 Kilometer langen, breiten und natürlichen Sandstrand, den man mit der Kusttram direkt erreichen kann.

● Comic-Skulpturen entlang der Promenade Middelkerke, 8340 Middelkerke
● ÖPNV: Kusttram, Haltestelle Middelkerke Casino

SUN68

Der Mann mit den Masken

38 James Ensor zeigt seine Heimat

Es war sein Glücksort: Ostende. James Ensor verbrachte fast sein ganzes Leben in seiner Geburtsstadt, hier fühlte der Maler sich zu Hause und gleichzeitig inspiriert, Neues zu erkunden. Strand, Meer, Licht, Wolken – gerade in seiner frühen Zeit fing er Eindrücke und Stimmungen von der Küste ein. Er verarbeitete sie dann mit Pinsel und Farbpalette, wie beispielsweise eine Szenerie mit einem einsam in der Abenddämmerung am Strand stehenden Badewagen. Wie viele andere Werke Ensors wanderte das Gemälde zwar längst in eins der großen Museen der Welt, doch in seiner Heimatstadt kann man dem Maler an vielen Orten auf die Spur kommen. Einige seiner Bilder hängen im Mu.ZEE (S. 70); den Menschen und sein Leben kann man im James-Ensor-Haus kennenlernen.

Hier in der Vlaanderenstraat wohnte Ensor seit 1917. Neben dem im Originalzustand erhaltenen Wohnhaus wurde im Nachbarhaus ergänzend ein interaktives Erlebniszentrum eingerichtet, in dem die Welt des Malers auch audiovisuell verdeutlicht wird. Die Gestaltung ist breit gefächert. Mal die kleine Wohnstube mit Holzfußboden, mal das lichtdurchflutete Atelier. Vielfach sind es Originalmöbel und Gegenstände aus dem Leben von Ensor. Mittels Audioguides (auch Deutsch) lernt man auch, warum bizarr-fantastische Masken, bedrückende Skelette und Religion so typische Elemente in Ensors Werk wurden. Die Figur des ehemaligen Hausdieners von Ensor als virtueller Führer, der Anekdoten und Erzählungen preisgibt, verleiht dem Künstler eine menschliche Dimension. Ensor pflegte intensive Kontakte zur Künstler- und Intellektuellenszene. So traf er sich auch mit Albert Einstein während dessen Sommerexil 1933 in De Panne. Im Ensor-Haus kann man eine Handy-App nutzen, die als Taschen-Stadtführer auch auf dem Ensor-Spaziergang begleitet. An 13 Stationen im Stadtgebiet bekommt man damit Ein- und Ausblicke, was das Ostende von James Ensor ausmachte.

TIPP

Die Brasserie des sehenswerten Kulturzentrums Grote Post (www.degrotepost.be) ist ideal zum Sackenlassen.

- James-Ensor-Haus, Vlaanderenstraat 29, 8400 Oostende
- ÖPNV: Kusttram, Haltestelle Oostende Station

Ensor

Die roten Aufreger

39 Die Rock Strangers von Ostende

Wenn Kunst für Diskussionen sorgen soll, dann sind die Rock Strangers große Kunst. Als der belgische Konzeptkünstler Arne Quinze die grellorangen „Felsen" 2012 ausgerechnet auf Ostendes Vorzeigeplatz Zeeheldenplein platzierte, traf diese Installation längst nicht den Geschmack aller Menschen in der Hafenstadt. Zu abstrakt, so die noch moderaten Kritiker. Erst mit der Zeit freundete man sich in Ostende mit der Skulpturengruppe an. Die Rocks seien wie typische Oostendenaars: unterschiedlich, manchmal schräg, eckig und kantig, und immer eigenständig – so ungefähr lautet die am häufigsten erzählte „Friedensformel".

Die „Felsen" wirken wie vom Meer deformiert und an Land gespült. Sie passen so gar nicht zu dem Vorzeigeplatz am Beginn der Albert-Promenade, den Glasfassaden der Seaview-Apartments in der ersten Reihe oder dem klassischen Seehelden-Denkmal. Und genau dieser fast schrille Kontrast inspirierte Arne Quinze. Seine Installation sollte irritieren, aus Gewohntem aufrütteln. Seine Rock Strangers setzen ein farbiges Ausrufezeichen in einer für den Künstler zu gleichförmigen Stadtumgebung. Die Menschen hätten ihre Städte mit künstlichen Grauzonen versehen. „Das müssen wir besser machen und unsere öffentlichen Bereiche wieder vielfältiger, bunter gestalten", so Arne Quinze. Die Rock Strangers sind ein oranger Eyecatcher an der Promenade. Und ihr Standort ist raffiniert gewählt: Eigentlich ist der Spaziergang über die benachbarte Westliche Hafenmole weit hinaus in die Nordsee ein Highlight für sich. Immerhin reicht der Strekdam fast 700 Meter ins Meer. Insbesondere wenn der Wind kein laues Lüftchen mehr ist, ist hier Durchpusten pur angesagt – flämisch uitwaaien. Glücksgefühl oder Herausforderung, und, je nach Wellengang, auch mal mit nassen Füßen. Aber aus diesem Abstand zur Promenade weitet sich der Blick auf die Bebauung am Ufer. Was will uns der Künstler mit den Rock Strangers eigentlich sagen? Diese Perspektive liefert eine deutliche Antwort.

TIPP

Die Rock Strangers als Pralinen gibt es bei Star-Chocolatier Oliver Willems (www.olivier-willems.be).

● Rock Strangers, Zeeheldenplein, 8400 Ostende, www.beaufortbeeldenpark.be/nl
● ÖPNV: Kusttram, Haltestelle Oostende Station

Die Letzten einer Legende

40 Ostendes Austernzucht

Der Name ist Programm: Oesterput – zu Deutsch Austernbecken. Ein Name, der den Oostendenaars auf der Zunge zergeht. Und nicht nur das Restaurant De Oesterput hat einen klangvollen Namen im Seebad. Damit verbindet sich noch mehr, nämlich der Stolz auf die Ostendaise, die Austern aus Ostende. Und auf die Familie Puystjens, die hier die einzige belgische Auster wieder auf traditionelle Weise züchtet.
Im Spuikom, einem Salzwasserbecken mit Meerverbindung weniger als 1 Kilometer hinter dem Strand des Oosteroever, pflegt der Familienbetrieb seit 1995 mit viel Liebe und Handarbeit die klassische Ostendaise. Sie gilt als Perle unter den europäischen Austern. Bereits vor 300 Jahren kam diese Auster unter dem Namen Royal d'Ostende als ausgesuchte Delikatesse in Frankreich, Deutschland oder Österreich auf die Tafeln der Royals und Reichen. Dank einer traditionellen Zuchtmethode und dem nährstoffreichen Wasser im Spuikom ist das Resultat heute wie damals eine wohlschmeckende, weich-salzige Auster. Kleiner Schmunzler am Rande: Belgien hat eine so geringe Austernproduktion, dass sie statistisch im Welthandel gar nicht erfasst wird, aber gleichzeitig hat Belgien weltweit den höchsten Pro-Kopf-Verbrauch an Austern. Beim Oesterput kann man gleich auf der anderen Straßenseite die Austernzucht mit geführten Touren entdecken und erfahren, wie hier die besten Bedingungen für das Gedeihen der Ostendaise entstehen. Vor allem aber geht es ums Probieren und Genießen der Meeresfrüchte. Die Seafoodbar im De Oesterput ist der Ort dafür. Hier kann man nicht nur Ostendes Austern kosten, sondern es gibt auch eine üppige Auswahl aller erdenklichen Köstlichkeiten, die das Meer bietet. Tellergerichte oder Platten mit Königsgarnelen, Hummer, Gambas, Nordseekrabben, Muscheln, Seezunge, Räucherfisch – man kann gar nicht so viel fasten, wie man hier gern essen würde.

● De Oesterput, Schietbaanstraat 84, 8400 Oostende, Tel. +32 (59) 33 08 73
www.de-oesterput.be
● ÖPNV: Kusttram, Haltestelle Oostende Vismijn

Bootstour durch die Zeit

41 Per Schaufelraddampfer von Brügge nach Damme

Eine Mischung aus Nostalgie und Patina – der Charme des Schaufelraddampfers wirkt schnell und zaubert unwillkürlich ein Lächeln in die Gesichter. Wer über den Kanal von Brügge nach Damme will, der macht dies nicht mit dem Boot, sondern genau wegen dieses Bootes: Bei der Tour mit dem Schaufelraddampfer „Lamme Goedzak" ist der Weg das Ziel. Rund 35 Minuten entschleunigen.

Der Schnitt des Boots erinnert an Mississippi-Dampfer aus alten Westernfilmen, zwei schwarze Schornsteine fassen die Ruderkabine ein, das Rauschen vom großen Antriebsrad am Heck liefert eine bemerkenswert beruhigende „Musik" zu den Bildern der beschaulich vorbeiziehenden Landschaft. Die Ufer säumen pittoreske Weiden, Pappeln und Birken. Wie durch Fenster blickt man zwischen ihnen hindurch auf das von Jaques Brel besungene „vlak Land" von Flandern. Die weitflächigen Polder des sogenannten Brugse Ommeland sind eine typische Landschaft hinter der Küste. Kerzengerade zieht sich die im 19. Jahrhundert zu Napoleons Zeiten aus militärischen Gründen erbaute Damse Vaart über die rund 7 Kilometer zwischen Brügge und seinem mittelalterlichen Umladehafen Damme. Durch die zunehmende Versandung versanken Brügge und Damme in einen jahrhundertelangen Dornröschenschlaf, mussten aber dadurch auch nicht unter den Moden des jeweiligen Städtebau-Zeitgeists leiden.

Heute sorgt der Tourismus für Leben auf dem Verbindungskanal – allerdings zum Glück unaufdringlich. Die Radfahrer an den Ufern, die diesen Wasserweg ebenfalls genießen, passen irgendwie ins Bild (man kann auch ein Rad mit an Bord nehmen und es für den Rückweg nutzen). Die Atmosphäre am Kanal passt zu jener, in der Charles de Coster im flämischen Nationalepos „Thyl Ulenspiegel" seinen Helden und dessen besten Freund ihre Abenteurer in Damme erleben lässt. Der Freund hieß: Lamme Goedzak.

● Schaufelraddampfer Lamme Goedzak, Anleger Brügge, Noorweegsekaai 31, 8000 Brügge, Tel +32 (4 71) 19 40 05, www.lammegoedzakdamme.com
● ÖPNV: Buslinie 27 zwischen Brügge und Damme

Das Dorf der Bücher

42 Antiquarisch stöbern in Damme

So etwas nennt man Langzeitwirkung. Eine der ersten Druckmaschinen der damaligen Niederen Lande soll im 15. Jahrhundert in Damme gestanden haben. Heute darf sich das kleine Städtchen mit dem Titel „Bücherdorf" schmücken, mit dem in Europa ausgewählte und um das Buch verdiente Orte ausgezeichnet werden. Warum? Schon an „normalen Tagen" kommt man in Damme, seit 1180 offiziell mit Stadtrechten, kaum am Thema Buch vorbei. Acht Antiquariate sorgen für eine fast unerreichte Dichte in Sachen alte Bücher. Jeden zweiten Samstag im Monat wird das Vergnügen, in alten Büchern zu stöbern, durch einen großen Bücherflohmarkt auf dem Marktplatz (im Winter im Rathaus) nochmals beträchtlich gesteigert.
Auch wer weder etwas sucht noch etwas finden will – das Stöbern ist ein Riesenspaß. Was man entdecken kann? Alles! Das klingt übertrieben, ist aber gefühlt doch irgendwie wahr. In Kisten und Regalen warten Schätze darauf, entdeckt zu werden. Zumeist auf Niederländisch, Französisch, Englisch oder Deutsch, reicht die Bandbreite von großer Literatur auf angestaubten Seiten über Bildbände aus längst vergangenen Zeiten bis zu Comics oder Leitfäden für die gute Hausfrau. In Zeiten von Internet und Laptop ist das Blättern in leicht aufgequollenen, vom Staub der Jahrzehnte geadelten Buchseiten auch ein besonderes haptisches Vergnügen. Auch inhaltlich sind viele bibliografische Antiquitäten „anders". Wer etwa alte Ausgaben von Brehms Tierleben durchblättert, den amüsieren die Illustrationen von Tieren, die man vom Fernsehen ganz anders in Erinnerung hat. Witzig auch: Einfach mal die Comics vom „Tim und Struppi" (im Original „Tintin") durchblättern und staunen, mit welchen Namen die Charaktere an die verschiedenen Sprachräume angepasst wurden. Dass viele der als Buchläden genutzten Orte auch selbst viel Patina zeigen – eine alte Scheune beispielsweise –, macht die antiquarische Entdeckungsreise noch unterhaltsamer.

- Bücherdorf, 8340 Damme, www.visitdamme.be
- ÖPNV: Buslinie 27 zwischen Brügge und Damme

ENGLISH

Narr oder Held?

43

Thyl Ulenspiegels zweite Heimat

Eine bedeutende Hafenstadt? Bummelt man heute durch Damme, dann mag man es kaum glauben. Und doch war der Ort in den goldenen Zeiten von Brügge und Gent ein Umschlaghafen für die beiden Metropolen. Waren wurden für den Weg dorthin auf Boote mit geringerem Tiefgang umgeladen. Am damaligen Reichtum können sich Besucher heute noch erfreuen. Beispielsweise am Rathaus, einem gotischen Prachtbau aus dem Jahr 1468. Dessen Türmchen, Erker, Verzierungen oder Statuen flandrischer Granden sind schlicht beeindruckend. Und den Jahrhunderten städtischer Armut zum Trotz gibt es auch im Innenraum noch viele Stücke aus dem Mittelalter in ursprünglicher Pracht. Die Liebfrauenkirche beeindruckt mit ihren zeitgenössischen Beichtstühlen und Altären. Das Glück eines fantastischen Rundumblicks über das flache Land am Küstenrand erwartet einen bei gutem Wetter vom Glockenturm.

TIPP
Etwas Süßes im wunderschönen Garten des Cafés Tante Marie (Kerkstraat 38; www.tante-marie.be).

So heimelig schön ein Spaziergang durch Damme auch ist, seinen Ruhm hat das 11.000-Seelen-Städtchen einer literarischen Legende zu verdanken: Thyl Ulenspiegel. Die Romanfigur von Charles de Coster (1827–1879) ist Held und flämische Ikone. Das Buch „Die Legende und die heldenhaften, fröhlichen und ruhmreichen Abenteuer von Ulenspiegel und Lamme Goedzak im flandrischen Lande und anderswo“ gilt als Meisterwerk. Der Kampf der Flamen gegen die damaligen spanischen Besatzer war Kulisse für ein aktuelleres Den-Spiegel-Vorhalten. Etwas, das sich auch im deutschen Wort „Eulenspiegelei“ wiederfindet. Im Städtchen werden an Schaubildern einige Abenteuer und Anekdoten geschildert. Im Ulenspiegel-Museum gleich gegenüber vom Rathaus erfährt man noch mehr Hintergründiges zu dieser Figur, die ähnlich wie in Deutschland oder in Spanien als Don Quijote in Literatur und Volkserzählungen aufkam. Ob Ulenspiegel oder „versandete Hafenstadt“ – Damme ist ein kleines, aber hell funkelndes Juwel an der Küste.

- Uilenspiegelmuseum, Jacob van Maerlantstraat 3, 8340 Damme, Tel. +32 (50) 28 86 10, www.visitdamme.be
- ÖPNV: Buslinie 26 zwischen Brügge und Damme

Pracht in Hülle und Fülle

44 Brügges Stadthuis: ein gotisches Meisterwerk

Distanz verändert den Blickwinkel. „Der beste Platz, um sich samstags über die neueste Brautmode zu informieren", kommentiert eine Bruggerin trocken die Szenerie vor einem der prachtvollsten Gebäude Brügges. Dabei ist diese Stadt nun wahrlich nicht arm an prachtvoller Architektur. Aber das gotische Stadthuis ist herausragend, es hat schlicht einen „Wow-Effekt". Kein Wunder, dass Brautpaare es als Kulisse für das Hochzeitsfoto gleich nach dem Jawort lieben. Zudem ist der Platz mit dem Namen Burg einer der ältesten Plätze Brügges. Hier stand im 9. Jahrhundert die erste Burg des Grafen von Flandern. Auf ihren Überresten wurde 1375 mit dem über 50 Jahre dauernden Bau des Stadthuis begonnen.

Eine der größten Herausforderungen für den Betrachter: Man muss sich Zeit nehmen, trotz der schier überwältigenden Fülle an Eyecatchern langsam und genussvoll die wunderschönen Details zu genießen. Das Stadthuis gilt als eines der ältesten und schönsten Rathäuser Flanderns und war das Vorbild für die ebenfalls berühmten Bauten in Leuven oder Brüssel. Die fast zierlichen Türme, die Erker, die Giebelnischen, die Statuen der 49 Grafen von Flandern und die vielen Details, die sich dennoch zu einem Meisterwerk der Spätgotik zusammenfügen, sind einfach beeindruckend. Die detailverliebte Gestaltung der Fassade setzt sich innen fort. Im Großen Gotischen Saal, der quasi als Aushängeschild des Gebäudes fungiert und ein echtes Besucherhighlight ist, staunt man über die goldbemalte Holzdecke, herrliche Wandmalereien und Fresken oder den kleinen Balkon für die „Minnesänger" von einst. Die Präsentation „Brügge und das Meer" im Saal nebenan ist eine interaktive Ausstellung über den verschwundenen Zwinhaven. Sie zeigt die Bedeutung des Meers für den Wohlstand von Brügge, den das Stadthuis für jedermann sichtbar seit dem 15. Jahrhundert dokumentiert.

TIPP

Think Twice ist ein Stöberparadies für Vintage-Mode und -Design in der nahen Sint-Jakobsstraat 21.

● Stadthuis, Burg 11–12, 8000 Brügge, www.museabrugge.be

Der Shootingstar

45 Die Ideen des Brügger Chocolatiers Persoone

Er ist der Shootingstar unter Belgiens Chocolatiers. Auch wenn er sich selbst gern lächelnd einen „Shock-o-latier“ nennt. Dominique Persoone ist eine der bekanntesten und schillerndsten Figuren in der belgischen Gourmetszene. Medientauglich, immer gut für eine ausgefallene bis schräge Idee – und vor allem ein absoluter Könner in Sachen Schokolade und Pralinen. Jüngst wurde er vom Gault Millau zum Chocolatier des Jahres 2023 in Flandern ausgezeichnet. Treffend heißt es in der Laudatio: „Er ist seit 30 Jahren als ein die Grenzen auslotender Pionier hyperaktiv.“ Und im Guide Michelin, der anderen Feinschmecker-Bibel, wird sein Laden Chocolate Line als eines von drei Schokoladengeschäften aufgeführt.

Viel genussvoller ist es allerdings, sich die Gründe für diese Auszeichnungen auf der Zunge zergehen zu lassen, was aber sofort hinter der Ladentür zur Herausforderung wird. Denn womit beginnen? Mit der Praline „Miss Piggy“, die ein Schweinchenbild ziert und die aus einer Mischung aus Mandeln, knusprigem Speck und karamellisierten Ciccioli besteht? Oder mit der blattförmigen „Sakura“ aus karamellisierten, original japanischen Kirschblüten? Oder der „Defender“ in der Form des britischen Geländewagens aus Haselnuss-Crunch? Persoones Freude am Experimentieren, am Spielen ist unverkennbar. Die reduzierte Formensprache klassischer Pralinen wird man hier vergebens suchen. Spaß und Fantasie prägen die Schokokreationen. Deshalb stellt Persoone ganz bewusst überdimensionale Schokoladenfiguren in sein Schaufenster, die auch Kinderaugen zum Leuchten bringen sollen.

Seine bekannteste Idee ist typisch Persoone. Bei einer Geburtstagsfeier der Rolling Stones an der Küste war er für das Dessert verantwortlich. Die Schnupftabak-Maschine seines Großvaters brachte ihn auf die Idee, da Rockstars „auch gern mal schnupfen“. Schokoladenpulver in die Nase geschossen, rockte das Fest der Rockband, der Chocolate-Shooter wurde zum Hit und Dominique Persoone mit seinem Verkaufsschlager von rund 25.000 Exemplaren zum Shootingstar.

● The Chocolate Line, Simon Stevinplein 19, 8000 Brügge, Tel. +32 (50) 34 10 90
www.thechocolateline.be

MEXICO
BRUGGE
FABBY
HAVANA
日本酒

Ein Machtwort aus Stein

46 Brügges Belfried: Wahrzeichen und Ausguck

Wer die 366 Stufen über die schmalen Stiegen an zugigen Öffnungen vorbei bis ganz nach oben auf den Belfried geschafft hat und aus 83 Metern Höhe auf den Großen Markt in der Tiefe blickt, erkennt: Der Drehbuchautor der schwarzen Filmkomödie „Brügge sehen und sterben", der seinen Protagonisten hier hinunterfallen lässt, wollte definitiv keine Fortsetzung mit dieser Figur schreiben. Wie auch immer, der Ausblick auf Stadt und Umland ist aus dieser Höhe phänomenal. Aus der Vogelperspektive sieht man hervorragend die Strukturen einer mittelalterlichen Metropole, ihre Aufteilung in kleine Quartiere, die Gassen und Gässchen, die Kanäle, die sich immer weiter verästeln. Diese – auf Neudeutsch – leistungsfähige Infrastruktur machte Brügge zu einer der reichsten Handelsstädte Europas. Und heute zu einem faszinierend romantischen und gern bewohnten Museum. Sehen und gesehen werden: Das gilt auch für den Turm mit seinen Ursprüngen aus dem 13. Jahrhundert – bis heute. Einst wurde er gebaut, um Feinde früh zu sehen und mit seiner optischen Wucht die Gegner einzuschüchtern.

Bei Spaziergängen durch Brügge lässt es sich aus vielen Perspektiven erleben: Der Belfried ist eine Art unübersehbares steinernes Machtwort. In seinen Mauern war auch der sichere Platz für Stadtinsignien und Stadtkasse. Diese „Schatzkammer" kann man nach rund einem Drittel der Höhenmeter als Verschnaufpause bestaunen. Weiter aufwärts geht es an eindrucksvollen Glocken vorbei. Beispielsweise an der fast sieben Tonnen schweren und über 350 Jahre alten Siegesglocke und an dem von der ältesten erhaltenen Stecktrommel – sie allein wiegt fast neun Tonnen – gesteuerten Glockenspiel aus 47 Bronzeglocken. Damit beim Aufstieg Glücksgefühle frei werden, unbedingt auf die Uhr schauen und das richtige Timing wählen. Denn jede Viertelstunde beginnt das Glockenspiel und dann ist es aus akustischen Gründen besser, schon einige Geschosse an Distanz zwischen sich und die Glocken gebracht zu haben.

TIPP

Mehrmals in der Woche gibt es kleine „Konzerte", bei denen die Glocken von Hand bespielt werden.

Belfried, Markt 7, 8000 Brügge, www.museabrugge.be

Oase der Ruhe

47 Durchatmen in Brügges Beginenhof

Der Kontrast könnte kaum größer sein. Ringsum die überwältigenden Prachtbauwerke des historischen Zentrums und mittendrin ein Ort von faszinierender und würdevoller Schlichtheit: Brügges Beginenhof Ten Wijngaarde („Zum Weingarten"). Auch Besucher können sich dieser Atmosphäre nicht entziehen. Eigentlich quert man nur eine kleine Brücke und schreitet durch das Tor des Pförtnerhauses auf den Innenhof – und doch wird das geschäftige Entdecken der Touristen dahinter plötzlich viel leiser, gesetzter. So wie beim Betreten einer Kirche. Was schon in die richtige Richtung weist. Denn die Beginen war eine Gemeinschaft religiöser Frauen, die ohne Gelübde und Orden ein „gottgefälliges Leben" führten. Die Beginenhöfe, die es ab dem Mittelalter in ganz Europa gab, boten ihnen die Möglichkeit, in halbklösterlichem Umfeld zu leben und gleichzeitig eine gewisse Unabhängigkeit zu bewahren. Ein Kompromiss, mit dem damals viele Frauen gut leben konnten.

Brügges Ten Wijngaarde geht zurück bis ins Jahr 1245. Wie die weiß getünchten Häuser am Rand des zentralen Platzes stammen die meisten Gebäude des Beginenhofs aus dem 17. und 18. Jahrhundert. Heute leben dort Benediktinerinnen und alleinstehende Frauen, die letzte Begine starb 1930. Manche Häuser sind indes im Originalzustand erhalten, beherbergen Museen oder kleine Handwerksläden. Weitere Einblicke in dieses Weltkulturerbe bieten das Beginenhofmuseum, das in der ehemaligen St.-Elisabeth-Kirche untergebracht ist, oder auch der öffentlich zugängliche kleine Garten des Hauses Nummer 20. Wer sich von der Magie dieses Orts bezaubern lässt, befindet sich in bester Gesellschaft. Dichter wie Marcel Proust, Rainer Maria Rilke oder Charles Baudelaire schwärmten von seiner Schönheit und Atmosphäre, Maler und Fotografen begeistern sich am romantischen Spiel von Schatten und Farben der Narzissen unter den rund 60 Pappeln des großen Platzes. Und manchmal gelingt es auch, die Ruhe dieser Oase aufs Bild zu bannen.

● Beginenhof Ten Wijngaarde, Begijnhof 24–30, 8000 Brügge, www.visitbruges.be

BEGIJNENHUISJE
MAISON BEGUINALE
BEGUINALE HOUSE

Markt mit Aussicht

48 Brügge: Platz mit vielen Perspektiven

Er war und ist Brügges Dreh- und Angelpunkt: der Markt. Der Platz weitläufig, die Bauten ringsum mächtig und prächtig, wie es sich für eine europäische Metropole mit dem Anspruch der Brügger Kaufleute des Mittelalters geziemt. Dieses Selbstbewusstsein, diese mit Steinen zur Schau gestellte Bedeutung verleihen dem Markt auch heute noch ein ganz besonderes Flair. An dem immer noch zentralen Ort in der Altstadt wuseln zwar heute Busse und Lieferwagen statt Pferdefuhrwerken und Trägern über das Pflaster, aber wie damals pulsiert hier das Leben.

Meist nehmen Touristen die 9000 Quadratmeter des Platzes in Beschlag. Kein Wunder, sieht man dort doch viele prägende Highlights von Brügge, wenn man sich nur einmal um die eigene Achse dreht. Alles überragt der Belfried, der aus den ehemaligen Tuchhallen hinauszuwachsen scheint und mit seinen 83 Metern Höhe eine Art steinernes Ausrufezeichen ist. An der nächsten Seite zieht der prächtige Provinzialpalast (Provinciaalhof) die Blicke auf sich. Seine Renaissancefassade, die Erker, Giebel und Türmchen sowie die Fülle an Verzierungen aus Naturstein sind einfach beeindruckend. Zusammen mit dem heutigen Historium und einem ehemaligen Postamt ist das Trio ein echter Hingucker. Ein weiterer Blickfang und Mittelpunkt auf dem Marktplatz ist das Denkmal der Nationalhelden Jan Breydel und Pieter de Coninck aus dem Jahr 1887, die 1302 den Sieg der Flamen über die französischen Besatzungstruppen anführten. Weniger offiziell, dafür beglückend pittoresk präsentieren sich die vielen Bürgerhäuser ringsum samt ihren treppenförmigen Schmuckgiebeln. Die meisten fungieren heute als gut besuchte Cafés, Restaurants oder Kneipen. Mit dem Blick über den Großen Markt einfach mal einen Koffie verkeerd oder ein Bier zu genießen – das hat einfach was. Und zählt ganz gewiss zu den Glücksmomenten in Brügge.

● Markt, 8000 Brügge, www.visitbruges.be

Im Venedig des Nordens

49 Per Boot durch Brügges Wasserstraßen

Wer Brügge mit dem Boot erkunden will, sollte höflich sein – und jeder Brücke ein tiefes Nicken schenken. Denn der Abstand zwischen dem Wasser und den Überwegen, deren Steine schon seit Jahrhunderten Beulen an vorwitzige Köpfe verteilen, ist manchmal recht klein. Die Kanäle und Kanälchen des sogenannten Venedigs des Nordens waren in der Blütezeit Brügges die Schlagadern der Handelsmetropole. Rund eine halbe Stunde dauert die Rundfahrt in den Motorbooten, die an fünf Orten in der Altstadt abfahren. Und schnell wird deutlich, dass man vom Wasser aus keinesfalls die Kehrseite der prachtvollen Häuser sieht, sondern eher ihre andere Schokoladenseite. Wer vom Wasser lebt, der liebt das Wasser auch. Entlang der Reien, so heißen die Kanäle in Brügge nach dem Fluss Reie, kann man die Zeichen dieser Wertschätzung fast überall finden. Ob Erker, verträumte Balkons, Freisitze mit Wasserblick oder große Terrassen – Kreativität und liebevolle Gestaltung versetzen Betrachter in beglücktes Staunen. Und das viele Grün zwischen Steinen und Wasser ist gleichfalls verblüffend. In den kleinen Reien hängen Weiden tief herunter wie Vorhänge, die den Blick auf die nächste Szenerie erst beim Vorbeifahren freigeben. Bäume, Sträucher oder Heckenpflanzen zieren die größeren Kanäle. Die Farben, das Spiel von Licht, Schatten und Wasserspiegelungen lassen die Augen von Fotofreunden leuchten.

TIPP
Der ehemalige Salzwasserkanal Rozenhoedkaai bietet fantastische Fotomotive.

Erreicht das Boot die großen Kanäle, an den Ufern eingefasst von Straßen und eindrucksvollen Stadthäusern, dann sieht das geistige Auge mit Leichtigkeit, wie hier früher Handelsschiffe als Symbole des Wohlstands vertäut waren. Der Perspektivwechsel aufs Wasser zeigt ein anderes Brügge. Was später indes eine neue Herausforderung mit sich bringt: Glücklich kann sich schätzen, wer die vom Boot entdeckte tolle Terrasse von der Straße aus auch direkt wiederfindet.

● Bootsfahrten, diverse Anlegestellen: Huidenvettersplein 13, Rozenhoedkaai, Wollestraat 32, Nieuwstraat 11, Katelijnestraat 4, 8000 Brügge
www.visitbruges.be/de/bruggemetdeboot

Frietjes und die Börse

50 Brügge: dem Nationalstolz auf der Spur

Was haben Frietjes und die Börse miteinander zu tun? Zunächst sind sie in Brügge Nachbarn. Denn in dem Haus mit den bunten Glasfenstern lebte in Brügges goldenen Zeiten die Familie van der Beurze, die einen Handelsplatz für die ankommenden Waren organisierte. In diesem Treff der Kaufleute entwickelten sich Angebot und Nachfrage, bildeten sich Preise. So erfolgreich, dass der Name Beurze zum Begriff für Handel und Werte wurde – ob als „die Börse" oder „la Bourse".
In aller Munde ist auch das Produkt im Nachbarhaus. Dort, wo in einem der ältesten Häuser der Stadt früher eine Genueser Kaufmannsgilde beheimatet war, ist heute das Frietmuseum. Die goldgelben Kartoffelspalten hätten den „Beurzianern" nebenan seit Jahrzehnten viel Freude gemacht. Ihren „Aktienkurs" speziell in Belgien kann man gar nicht überschätzen. Es ist fast ein Glaubenskrieg in Belgien, ob es stilvoller ist, Frietjes aus der Tüte (puntzakje) oder aus der Schale (bakje) zu essen. Im Museum gibt es eine bunte Mischung aus Informationen und Kuriositäten rund um Kartoffeln und Frietjes zu entdecken, ebenso wie historische Geräte, Werbetafeln und Fotos. Beispielsweise aus den frühen Zeiten der Friet, als die Kartoffelspalten als Fischersatz bei Fischerfamilien Einzug hielten. Und man lernt das Geheimnis der belgischen Friet kennen: Sie werden dicker geschnitten und dann zweimal frittiert. Zunächst bei rund 150 Grad zum Garen, dann bei 170 Grad fürs knusprige Äußere. Wichtig: Dazwischen müssen die Friet gut abkühlen – an diesen Zwischenlagern erkennt man die traditionelle Zubereitung. Zum Museum gehört auch eine Frietkot – auf deutsch etwa „Frittenbude" –, in der man die Ikone des belgischen Nationalstolzes kosten kann. Welch ein Glück!
Thema Kuriositäten: Dass die Friet auf Englisch French fries heißen, sei – so die Legende – amerikanischen Soldaten im Ersten Weltkrieg zu verdanken. Die konnten mit dem Land Belgien nicht viel anfangen und wähnten sich in Frankreich, dem Land mit diesen leckeren Kartoffelstäbchen.

● Frietmuseum, Vlamingstraat 33, 8000 Brügge, Tel. +42 (50) 34 01 50
www.frietmuseum.be

UNION BELGE
LANDS
Tilburg
Hertogenbosch
Eindhoven

Hans Memling im Spital

51

Der Kunstort Sint-Janshospitaal in Brügge

Man sieht es ihm an, dass hier gearbeitet wurde. Das Sint-Janshospitaal, fast schlicht angesichts der vielen prachtvoll verzierten Bauten in der Brügger Innenstadt, gilt als eines der ältesten Krankenhäuser Westeuropas. Seine Wurzeln reichen bis ins 12. Jahrhundert zurück. Daher ist es nur folgerichtig, dass heutige Besucher hier eine faszinierende Reise durch die Geschichte des Heilens und Pflegens erwartet. Und viel religiöse Kunst, die Kunstliebhaber ganz unabhängig von der Thematik in seeliges Entzücken versetzt.

Dazu zählt ein Meisterwerk von Hans Memling, der 1489 hier aufgestellte Schrein der heiligen Ursula. Der in Seligenstadt geborene Memling bemalte den Eichenschrein derart detailverliebt und kunstfertig mit Motiven rund um die heilige Ursula, dass der Schrein selbst im an künstlerischen Highlights reichen Brügge etwas ganz Besonderes ist. Insgesamt sechs Werke von Hans Memling sind im Sint-Janshospitaal zu bewundern. Es ist zugleich ein renommierter Ausstellungsort der sogenannten Flämischen Primitiven, einer Künstlergruppe des 15. Jahrhunderts, und ein international bedeutendes Kunstmuseum.

In dem großen renovierten Hospitalensemble sind nicht nur Gerätschaften und Einrichtungsstücke aus Jahrhunderten der Pflege und Krankenversorgung zu sehen, sondern eine Fülle von Gemälden zum Alltag im Hospital. Letzte Ölung, Segnung eines Mittellosen – es war für viele Menschen ein großes Glück, dass die Mönche und Ordensfrauen in Sint-Jans sich hingebungsvoll um ihre Mitmenschen kümmerten, sie gesund pflegten und ihnen schwerste Momente im Leben erleichterten. Eine Vielzahl von Heilkräutern bauten sie in heute noch zu sehenden Beeten im eigenen Garten an. Die historische Apotheke beeindruckt mit Tiegeln und Töpfchen auf meterlangen Regalen. Heutige Besucher treten über die Schwelle und die Zeitreise beginnt. Ein Glücksfall, dass im Sint-Janshospitaal Kunstwerke und Objekte der Medizin- und Krankenhausgeschichte vergangene Zeiten authentisch und detailreich dokumentieren.

● Sint-Janshospitaal, Mariastraat 38, 8000 Brügge, www.museabrugge.be

Das Funkeln der Steine

52

Im Diamantenmuseum von Brügge

Klein, aber fein – dieser Spruch passt hier perfekt. Zum Museum ebenso wie zum Produkt. Brügges Diamantenmuseum ist von außen eher unscheinbar. Etwas verwunderlich, waren doch die funkelnden Steine im mittelalterlichen Brügge ein wichtiger Motor des Wohlstands. Denn hier entwickelte vor rund 500 Jahren Lodewyk van Bercken die Schleifscheibe für die Bearbeitung von Diamanten – genannt Scaif. Mit ihrer Hilfe konnten präzise und kunstvolle Facetten in die rohen Steine geschliffen werden. Diese kamen meist per Schiff aus Italien in Brügges Hafen. Erst nachdem seine Wasserverbindung Het Zwin versandete, wurde das benachbarte Antwerpen zu dem weltweiten Diamantenzentrum, das es noch heute ist.

Wie es sich für den Geburtsort des Diamantenschleifens gehört, ist die tägliche Vorführung ein Highlight des Museums. Ein Diamantenschleifer zeigt live die verschiedenen Stufen und Methoden der Bearbeitung: das Sägen, das erste Schleifen der rohen Diamanten und anschließend den kunstvollen Feinschliff. Beim Zusehen bei dieser filigranen Arbeit wächst immer mehr das Verständnis, warum Diamantenschleifen mehr ist als nur ein Handwerk: Den Steinen ihr berühmtes Glitzern und Funkeln zu entlocken, ist eine Handwerkskunst. Und dazu eine höchst verantwortungsvolle Arbeit. Denn ein Zucken, ein kleines Abrutschen hätte teure Folgen – ein Karat sind nur 0,2 Gramm und selbst dieses Stückchen wäre als Diamant rund 5000 Euro wert.

Weiterhin ist hier Wissenswertes rund um die Edelsteine zu erfahren, beispielsweise lernen Besucher die Unterschiede zu Industriediamanten kennen oder zwischen Brillanten und Diamanten. Zwar ist das Diamantenmuseum im Wesentlichen dem Stein gewidmet, doch so ganz ohne Schmuckstücke geht es natürlich auch nicht. Einige ausgesuchte Juwelen verdeutlichen schnell, warum die Faszination für die funkelnden Diamanten seit vielen Jahrhunderten überdauert hat.

TIPP

Beers Yesterday's World ums Eck ist eine schrullig-schöne Mischung aus Kneipe und Trödelmarkt.

● Diamantenmuseum Brügge, Katelijnestraat 43, 8000 Brügge

Die Oase der Legenden

53 Durchatmen mit Schwänen am Minnewater

Eine Oase der Ruhe und der Romantik – der Minnewaterpark am Brügger Beginenhof ist ein grünes Juwel. Ein Ort zum Durchatmen. Seinen Namen verdankt er einem kleinen rechtwinkligen See: dem Minnewater. Früher war er ein Anlegeplatz für die vielen Treidelkähne, die Brügge und Gent miteinander verbanden. Der im klassischen englischen Gartenstil errichtete Park kam im 19. Jahrhundert hinzu.
Heute bestimmen Schwäne das Bild auf dem See. Die majestätisch dahinziehenden Vögel mit ihrem strahlend weißen Gefieder sind ein Wahrzeichen von Brügge. Sie bevölkern die Kanäle und Wasserflächen und lassen die Fotos der Stadtbesucher noch romantischer wirken. Aber sie sind mehr als nur Lokalkolorit. Wie es sich für eine so schokoladenverliebte Stadt wie Brügge gehört, gibt es eine offizielle Stadtpraline: das Brugsche Swaentje. Seit 2006 bieten die ansässigen Chocolatiers die Stadtpraline an. Von ihrem Rezept ist nur bekannt, dass Mandelpraline, die Bierwürze Grut und Brügger Mandelkekse dazugehören. Wie ihr Minnewater sind Brügges Schwäne von Legenden umwoben. Ihre Hege und Pflege soll Kaiser Maximilian den Bürgern von Brügge im 15. Jahrhundert als Buße für die Hinrichtung seines Vertrauten auferlegt haben. Dessen angesichts der Schwäne bezeichnender Name war: Langhals.
Auch um den Namen Minnewater ranken sich – fast zwangsläufig bei diesem Namen – romantische Legenden um enttäuschte oder unerfüllte Liebe und Tod durch gebrochene Herzen. Was zudem durch die fast beschauliche Ruhe dieses Glücksorts verstärkt wird. Altehrwürdige Bäume überschatten die Fußwege entlang der idyllischen Wasserfläche, in kleinen Winkeln laden Bänke zur Pause, eine alte Brücke kreuzt am Poerturm auf die andere Seite oder man gönnt sich auf der Terrasse des Kasteel Minnewater unter den Sonnenschirmen einen Kaffee oder ein kühles Getränk – Brügges Minnewater hat viele Facetten des Glücks.

● Minnewater, 8000 Brügge, www.visitbruges.be

Godshuizen für die Armen

54 Sozialer Wohnungsbau des Mittelalters

Abseits der prunkvollen und prächtigen Bauten der Reichen und Wichtigen gibt es in Brügge auch eine andere Seite des mittelalterlichen Stadtbilds zu entdecken: die der Mittellosen, der Bedürftigen. Godshuizen („Gotteshäuser") wurden damals Häuser genannt, die wohlhabende Familien und Gilden für Arme, Alte oder Witwen mit Kindern errichteten. Am Rand des alten Stadtzentrums sind die ab dem 14. Jahrhundert entstandenen Häuser in einigen Straßen Brügges zu finden. Insgesamt haben über 40 Godshuizen die Zeiten überdauert. Mit ihrem würdevoll-ruhigen Stil sind sie ein wichtiger Baustein im Gesamtbild des historischen Brügge. Ob damals allein Gottgefälligkeit und Nächstenliebe die Triebfedern der Spender waren, darüber lässt sich nur mutmaßen. Die Bewohner der Godshuizen wurden nämlich verpflichtet, gottesfürchtig zu leben, in den zu den Ansiedlungen gehörenden Kapellen eifrig zu beten und auch Fürbitten für die Spender in ihre Gebete aufzunehmen. In Zeiten des Ablasshandels galt dies in der Gesellschaft als legitim und erstrebenswert und führte glücklicherweise zu den ersten Formen sozialen Wohnungsbaus. Wie auch immer, die Armen hatten ein Dach über dem Kopf und die Spender schufen ein bis heute währendes Stück Lokalstolz. Also letzten Endes eine christliche Win-win-Situation, was für ein Glück.

Die weiß gekälkten kleinen Häuschen, manche mit kleinen Vorgärten, sind idyllisch anzusehen. Sie zählen auf ihre Art zu den schönsten Häusern Brügges. Die kleinen Siedlungszeilen in mehreren Straßen sind stimmungsvolle Ruhezonen im Trubel der Innenstadt. Heute werden die fast alle liebevoll restaurierten und gepflegten Godshuizen oft von älteren Menschen bewohnt, so wie es schon vor rund 500 Jahren gedacht war. Sehenswerte Beispiele für Häuser und kleine Siedlungen haben klingende Namen wie De Meulenaere und Sint-Jozef (Nieuwe Gentweg 8–22), Sint-Joosgodshuis (Ezelstraat 83–105) oder auch De Pelikaan (Groenerei 8).

● De Meulenaere und Sint-Jozef, Nieuwe Gentweg 8–2, 8000 Brügge
www.visitbruges.be

VR-Brille statt Vitrinen

55 Brügges Historium mit originellem Konzept

Man mag es kaum glauben: In einem der eindrucksvollsten alten Häuser am Großen Markt wartet ein verblüffender Ausflug in die goldenen Zeiten von Brügge – nicht mit Relikten und Vitrinen, sondern per VR-Brille und Videoinstallationen. Ein zu schriller Kontrast? Nein, die Inszenierung ist packend, liebevoll komponiert und für eine Art Museum unerwartet lebendig.

Beim Gang durch die historisch nachempfundenen Kulissen des blühenden Brügges liefern Videoprojektionen den Blick durch Fenster mitten ins damalige Leben: Boote, die entladen werden, spielende Kinder, feilschende Händler. Es sind keine dokumentarischen Bilder, es sind inszenierte Sequenzen, die für eine schlicht verblüffende atmosphärische Dichte sorgen. Verblüffend auch, wie leicht man sich von dieser Art der Zeitreise einfangen lässt. Ein nachempfundener Theaterbau als Bindeglied und elektronische Installationen als emotionale Eyecatcher agieren hier als echt überzeugendes Team. Auch bei Menschen der Vor-iPhone-Generation funktioniert dieses Konzept ganz augenscheinlich.

Die Historium Story beispielsweise erzählt eine fesselnde Geschichte über Liebe, Kunst und Intrigen im mittelalterlichen Brügge, hervorgerufen durch visuelle Effekte, Musik und Erzählung. Ein anderes Highlight: die Virtual-Reality-Tour. Mit einer VR-Brille sitzt man auf Einzelplätzen, die einem Beichtstuhl ähneln, und kann dank einer realistischen 3-D-Rekonstruktion durch das Brügge des 15. Jahrhunderts gehen. Man sieht die historischen Gebäude, Straßen und den geschäftigen Hafen und entdeckt quasi „auf eigene virtuelle Faust", was Brügge zu bieten hatte. Ein TV-bekannter Vulkanier würde sagen: faszinierend.

Zum Glück ganz real ist dann der perfekte entspannende Ausklang im Historium: Das Abschlussbierchen auf dem herrlichen Balkon der Museumskneipe mit einem einzigartigen Blick auf den Großen Markt möchte man dann doch nicht nur virtuell zu sich nehmen.

● Historium, Markt 1, 8000 Brügge, Tel. +32 (50) 27 03 11, www.historium.be

DUVELORIUM
GRAND BEER CAFE
HISTORIUM
BRUGGE

Manhattan des Mittelalters

56 Durchs Brügger Hanseviertel zu den Medici

Man hätte es sich denken können: Das Wappen der Brügger Familie van der Beurze, deren Name unter anderem als „Börse“ heute in vielen Sprachen präsent ist, wird von drei Geldbeuteln geziert. Zwischen dem 13. und 15. Jahrhundert war Brügge eine der reichsten und bedeutendsten Handelsstädte in Europa. Und rund um den heutigen Jan-Van-Eyck-Platz war das wirtschaftliche Zentrum, ein mittelalterliches Manhattan, inklusive einer Art Wall Street mit Banken und Bankiers. Denn die Warenwege waren lang, weit und risikoreich. Das musste finanziert werden.

Die Florenzer Medici, zeitweilig das größte „Bankhaus“ der damaligen Welt, hatten eine florierende Filiale in der Naaldenstraat 19, dem Hof Bladelin. Noch heute zieren in Stein gehauene Porträts von Lorenzo de Medici und seiner Frau den sehenswerten Innenhof. So wie die Genueser Kaufleute im heutigen Frietmuseum an der Vlamingstraat 33 – gleich neben dem Stammhaus der Familie van der Beurze – organisierten sich die Händler oft landsmannschaftlich und betrieben gemeinsame Niederlassungen, ob Schotten, Engländer, Amsterdamer oder Franzosen. Straßennamen wie Spaanse Loskaai und Spanjaardstraat verweisen auf die Iberische Halbinsel, Oosterlingenplein auf eine Herkunft aus dem Nordosten. Am Platz der Oosterlinge – „die aus dem Osten“ – entstand ein Kontor der Hanse. Zeitweilig über 1000 Menschen beschäftigte der machtbewusste Handelsverbund aus dem Norden am Knotenpunkt Brügge, der in einem Kampf um bessere Bedingungen das kleine Brügge im 15. Jahrhundert durch ein Embargo in die Knie zwang.

Viele Spuren des mittelalterlichen Manhattans findet man am Übergang der Grauwwerkersstraat in die Akademiestraat – im Volksmund Oude Beursplein („alter Börsenplatz“). Hier sind neben der Genueser Handelsvertretung auch die von Florenz (Restaurant De Florentijnen) und Venedig (Café The Monk) zu entdecken. Und am Jan van Eyckplein 1 lässt das alte Zollhaus in Brügges stolze Handelszeit zurückblicken.

● Jan van Eyckplein, 8000 Brügge, www.visitbruges.be

Die Spitzenklöpplerinnen

57 Brügges Frauen und der Exportschlager

Spitze aus Brügge – das war über Jahrhunderte ein Qualitätsbegriff und heiß begehrt. War? Heute entdecken moderne Textildesigner und Modeschöpfer die alte Kunst wieder, die ab dem 13. Jahrhundert für Brügge und Brüssel zum Exportschlager wurde und viel Reichtum in die Städte brachte. Brügge profitierte dabei vom Boom des Tuchhandels und war als einer der bedeutendsten Handelsknoten Europas prädestiniert, diesem Geschäft die „Spitze aufzusetzen". Zeitweilig klöppelte rund ein Viertel der Frauen von Brügge.
Einblicke in das Was-und-wie gibt es im Kantcentrum (Spitzenzentrum) in der Balstraat. Im ehemaligen Gebäude der Apostolinen – hier entstand schon 1717 eine Klöppelschule – kann man sich heute über Spitze informieren. Bei Vorführungen verblüffen die Vielfalt der Materialien – nicht nur feinster Stoff oder Seide, auch Silber und Gold werden geklöppelt – und die beeindruckende Fingerfertigkeit der Spitzenklöpplerinnen. Die müssen, so lernt man bei den Demonstrationen, bis zu drei Dutzend Spulen für die Fäden managen. Man versteht, warum dieses Handwerk eine Kunst ist und die Produkte dementsprechend kostbar waren.
Wie man fachgerecht mit dieser Fadenvielfalt umgeht, kann man im Kantcentrum auch erlernen. Denn zur Traditionspflege gehören hier Workshops und Atelier-Seminare (auch für Kinder) rund um das Thema Klöppeln und Spitze. Für die wachsende Beliebtheit gibt es noch eine weitere Erklärung: Dem Klöppeln sagen Fans beruhigende, fast meditative Wirkung nach. Ein Aspekt, den der niederländische Meister Jan Vermeer schon 1670 auf seinem Gemälde einer Klöpplerin eingefangen hat. Wie aufwendig und kostbar die handgefertigten Produkte der einheimischen Frauen waren, illustrieren einige ausgewählte Stücke aus den berühmten Sammlungen von Brügge. Und man erkennt, warum die Brügger auf „handgeklöppelte Spitze" stolz sind. Wer fragt, ob man dies heutzutage nicht auch industriell fertigen könnte, erntet nur ein verständnisloses Kopfschütteln.

TIPP

Die Eindrücke im Café Vlissinghe verarbeiten. Es geht zurück in die „Spitzenzeit" des Jahres 1515.

● Kantcentrum, Balstraat 16, 8000 Brügge, Tel. +32 (50) 33 00 72
www.kantcentrum.eu

Mal eben ins Mittelalter

58 Zeitreise im Haus Gruuthuse

Wie war das Leben hinter den prächtigen Fassaden Brügges, damals in den goldenen Zeiten? Die Antwort gibt es im mehrfach ausgezeichneten Gruuthuse-Museum. Mit den Türen des 1425 von der sehr wohlhabenden Kaufmannsfamilie Gruuthuse erbauten Stadtschlosses am Dijver öffnen sich Blicke in die Facetten des Lebens der Reichen in der ohnehin reichen Zeit Brügges mit teilweise frappierenden Aspekten. Beispielsweise der Nachbildung des privaten Andachtsraums der Gruuthuses: 1470 ließ die Familie eine Kapelle so bauen, dass über eine eigene Treppe und ein eigens in der Liebfrauenkirche herausgebrochenes Fenster der Gottesdienst privat verfolgt werden konnte. Sie und die ebenfalls noch weitgehend im Stil des 15. Jahrhunderts erhaltene große Küche sind ein Highlight im Haus der Gruuthuses.

Die schiere Fülle in dem Museum ist überwältigend. Man kann sich per Zeitstrang durch drei Epochen leiten lassen, sich Themen herauspicken oder einfach nur stöbern und staunen. Videoinstallationen, Touchscreens aber auch Bücher und Alltagsgegenstände zum Anfassen, ja sogar Geruchseffekte helfen bei dem Bummel durch die Zeit. Vor allem aber die Exponate und die Details des herrschaftlichen Hauses sind beeindruckend. Allein die Deckenornamente und Malereien sorgen für Wow-Effekte. Hinzu kommen vielfarbige Buntglasfenster, majestätische Wandteppiche, elegante Holzskulpturen, historische und aufwendig geklöppelte Spitzen, filigrane Möbel, kunstvoller Silberschmuck, burgundische Manuskripte oder chinesisches Porzellan – jedes der Objekte erzählt eine kleine Brügge-Geschichte. Die Gruuthuses und ihr Stadtpalast sind eben nur ein – wenn auch eindrucksvolles – Beispiel beim Bummel durch das Stadtleben in diesen alten Zeiten. Übrigens ist der Ursprung des Wohlstands der Gruuthuses auch eine typisch belgische/Brügger Geschichte: Bier. „Grut" nannte man im Mittelalter Kräutermischungen, mit denen Bier gewürzt wurde. Der Handel am Knotenpunkt Brügge mit begehrtem Bier und Gewürzen machte die Familie reich.

TIPP

Die romantische Bonifaciusbrücke nebenan bietet einen wunderschönen Blick über den Kanal.

● Gruuthuse-Museum, Dijver 17C, 8000 Brügge, www.museabrugge.be

Musea Brugge
Gruuthusemuseum
Onze-Lieve-Vrouwekerk
Tickets

Kunst in vielen Dimensionen

59 Groeningemuseum und Musea Sculpta

Wer sich in den Bann flämischer Kunst ziehen lassen will, der wird in Brügge im Groeningemuseum am Dijver glücklich, einem Highlight für flämische Kunst vom Mittelalter bis zur Moderne. Kunstliebhaber haben hier das Glück, einige der weltbekanntesten Vertreter der sogenannten altniederländischen Malerei in aller Ruhe im Original aus der Nähe betrachten zu können, beispielsweise Jan van Eycks „Madonna mit dem Kanon van der Paele“ und „Die Madonna mit dem Kind“ sowie Hans Memlings „Die Madonna mit der Karthause“. Aber auch ansonsten lesen sich die Namen der Maler unter den Bildern wie ein Who is who der Kunstwelt: Hieronymus Bosch, Pieter Brueghel der Jüngere, Hugo van der Goes, Gerard David arbeiteten zeitweilig in Brügge. Die Namen aus der Moderne sind ebenfalls klangvoll: Paul Delvaux und René Magritte oder Ferdinand Khnopff, James Ensor und Émile Claus. Insgesamt beherbergt das Groeningemuseum eine beeindruckende Sammlung von über 600 Kunstwerken. Neben Gemälden sind auch Skulpturen und Zeichnungen zu sehen, die einen breiten Zeitraum von der flämischen Renaissance bis zur modernen Kunst abdecken.

Spannend: Wer mit diesen Eindrücken etwas experimentieren möchte, kommt im Musea Sculpta voll auf seine Kosten und entdeckt die Werke der später sogenannten Flämischen Primitiven als 3-D-Kunst. Mit 22 Tonnen Gips haben internationale Künstler aus den Bildern Skulpturen geformt und Tiefgang zur Leinwand hinzugefügt. Was diese Transformation beispielsweise aus dem „Garten der Lüste“ von Hieronymus Bosch oder Hans Memlings „Jüngstem Gericht“ macht, ist schlicht umwerfend. Die Werke scheinen einen Schritt auf den Betrachter zuzumachen. Farben und Bildelemente werden eindrucksvoller. Es ist wortwörtlich eine neue Dimension hinzugekommen. Das Musea Sculpta bietet auf 700 Quadratmetern ein echtes Erlebnis mit moderner mittelalterlicher Kunst.

- Groeningemuseum, Dijver 12, 8000 Brügge, www.museabrugge.be
- Musea Sculpta, Mariastraat 10, 8000 Brügge, Tel. +32 (50) 89 62 20 museasculpta.be

GROENINGE
MUSEUM

Ein süßer Siegeszug

60 Choco-Story inszeniert Brügges Liebling

Choco-Story – der Name ist Programm. Denn hier geht um mehr als nur Geschichte und Geschichten rund um Schokolade. Es wird der Siegeszug eines Produkts auf vielfältige Art unterhaltsam inszeniert. Und damit auch eine Schoko-Kulturgeschichte erzählt, von den Anfängen als mystisches Getränk der Götter in Südamerika bis zur heutigen umfassenden Verfügbarkeit.

Die Ausstellung folgt einem Zeitstrang – mit Seitenblicken. Von den Maya und Azteken, bei denen Kakao nicht nur bitteres Getränk, sondern auch Währung war, über den Sprung nach Europa im Zuge der Entdeckung Amerikas bis in die Salons der Schlösser, hier am Beispiel Versailles inszeniert. Unterwegs fügten die Spanier dem bitteren Trank Zucker und Vanille hinzu – und trafen den europäischen Geschmack. Im 17. Jahrhundert wurde Schokolade zum exklusiven Genuss und Standessymbol für die wohlhabende Oberschicht. In den neu entstehenden Schokoladenhäusern mehrerer europäischer Städte wurde Schokolade genossen – und sorgte für Glücksmomente. Die vielen kunstvoll verzierten Kannen und feinsten Espresso-großen Tassen in der Ausstellung führen im Nu vor Augen, welch ein Statussymbol Schokolade in diesen Zeiten war. Erst im 19. Jahrhundert begann die industrielle Produktion von Schokolade. Mit der Erfindung der Kakaopresse und der Verbesserung der Verarbeitungstechniken wurde sie in größeren Mengen hergestellt und für breitere Gesellschaftsschichten erschwinglich, was etliche bezaubernde Werbeplakate und Schilder verdeutlichen – von witzig bis aus heutiger Sicht etwas skurril. Besucher bekommen auch Einblicke in die zeitgenössische Produktion. In Demonstrationsküchen kann man zuschauen, wie Pralinen und andere Köstlichkeiten immer noch in Handarbeit entstehen.

Ein Blick hinter die Kulissen des schokoladenverrückten Brügges, der tiefenentspannt und zufrieden macht. Jetzt gibt es nur noch einen Wunsch – probieren! Übrigens: Schon das Gebäude ist ein Hingucker. Das Haus De Croone wurde 1480 als Weinstube errichtet.

● Choco-Story, Wijnzakstraat 2, 8000 Brügge, Tel. +32 (50) 61 22 37
www.choco-story-brugge.be

Eine Pipeline fürs Bier

61 Süffig und clever in der Brauerei Halve Maan

Eine Pipeline für Bier? An den Gesichtern der Besucher kann man die Stufen der Erkenntnis ablesen: ungläubiges Stirnrunzeln, ein irritiertes Kopfschütteln und dann nach der Erklärung ein anerkennendes Nicken. Der Schauplatz: Brügges Traditionsbrauerei De Halve Maan. Wie immer in Brügge darf man Tradition sehr wörtlich nehmen: Denn seit über 500 Jahren wird an diesem Ort bereits Bier gebraut, der Urururgroßvater der jetzigen Eigentümer begründete 1856 die heutige Brauerei. Und ebenfalls typisch Brügge: Man zeigt gern, was man hat. Daher dürfen und sollen Besucher durch das stilvolle Tor des schönen Ziegelbaus gehen.

Durch die Brauerei und damit auch ein wenig durch die berühmte belgische Bierkultur führen zwei Touren. Die kürzere dauert 45 Minuten und beinhaltet die Kostprobe eines Biers, die XL-Fassung dauert wegen ausgiebigerer Verkostung doppelt so lang. Die hier hergestellten lokalen Biere Brugse Zot und das stärkere Straffe Hendrik sind im gesamten Benelux-Raum zu finden. Aber nur in der Brauerei kann man sie im ungefilterten Original probieren. Was für ein Glück.

Spannend ist, wie die hochmodernen Brauanlagen mit den liebevoll arrangierten und gepflegten Spuren der Vergangenheit zusammenspielen. Alte Flaschenständer, patinierte Braukessel, Thekenmöbel, Karren oder Wandschmuck – es gibt reichlich Futter für die Augen. Wobei es – typisch belgische Bierkultur – natürlich nicht am richtigen Futter zum Bier fehlen darf. Im gemütlichen Innenhof oder in der Schänke mit den extrem hohen Glasfenstern lässt sich gut und deftig speisen. Beispielsweise ein Rindereintopf mit Biersauce (natürlich aus den Kesseln nebenan). Dabei kann man über die erste Bierpipeline der Welt philosophieren. Sie führt seit 2016 von der Brauerei im historischen Kern zum Abfüllzentrum in die Vorstadt. Sie ist 3 Kilometer lang und liegt bis zu 37 Meter tief. Warum? Die Rohrleitung ersetzt ressourcensparend den früheren Tankwagenverkehr. Wie gesagt, nun kommt das anerkennende Kopfnicken.

Brouwerij De Halve Maan, Walplein 26, 8000 Brügge, Tel. +32 (50) 44 42 22
www.halvemaan.be

BREWERY
TICKE
PIPELINE

Brügges Zeitenspiegel

62 Die altehrwürdige Heilig-Blut-Basilika

Sie wirkt klein, etwas in die Ecke gedrängt und ein wenig angestaubt neben dem strahlend-imposanten Prachtbau des Rathauses auf dem Platz Burg: die Heilig-Blut-Basilika. Und doch ist sie ein Schatzkästchen der ganz besonderen Art. Denn sie ist die Älteste der Alten. Ihre Geschichte ist ein Spiegel der Zeiten, die sie seit dem 12. Jahrhundert erlebt hat.

Die Heilig-Blut-Basilika, offiziell als „Basilika des Heiligen Blutes“ bezeichnet, besteht aus zwei Kapellen: der Unterkapelle und der Oberkapelle. Die Unterkapelle wurde im 12. Jahrhundert erbaut und ist ein herausragendes Beispiel romanischer Architektur. Über eine schöne Wendeltreppe gelangt man in die Oberkapelle, die im 16. Jahrhundert hinzugefügt wurde und beeindruckende neogotische, aber auch Elemente von Renaissance und Rokoko zeigt. Dort, in der rechten Seitenkapelle, ist das spirituelle Herz der Kirche, das wertvollste Gut der Basilika: die Reliquie des Heiligen Bluts. Der Legende nach stammt das Blut vom Leichentuch Christi. Der Graf von Flandern, Dietrich von Elsass, brachte im 12. Jahrhundert die Phiole mit dem Heiligen Blut von einem Kreuzzug mit nach Brügge. Die Reliquie blieb im Laufe der bewegten Jahrhunderte von Bedrohungen und Plünderungen verschont und wird seitdem in der Basilika verehrt. Einmal im Jahr allerdings verlässt der Schrein seine Kirche und wird bei der farbenprächtigen Heilig-Blut-Prozession durch Brügges Straßen getragen.

Auch wenn die Basilika an sich schon etwas von einer Schatzkammer hat mit ihren faszinierenden Details, architektonischen Gestaltungen und beeindruckenden Glasmalereien, lohnt es sich, zusätzlich einen Besuch in Schatzkammer und Museum zu unternehmen, mit denen sich die Heilig-Blut-Basilika als Brügges ältester Sakralbau noch mehr als Zeugin der Jahrhunderte präsentiert.

● Basilika des Heiligen Blutes, Burg 13, 8000 Brügge, Tel. +32 (50) 33 67 92
www.holyblood.com

CHOCOLATERIE DE BURG

Skyline der Windmühlen

63

Spaziergang ins Grüne

Je weiter man vom Promenadendeck der Innenstadt in die Außenbezirke kommt, desto mehr nähert man sich dem „Maschinenraum" Brügges. Doch selbst dort, wo heute wie früher Lastkähne ihre Fracht über die Kanäle rings um die Stadt schippern, ist Brügge noch einen Schritt romantischer. Vier Windmühlen aus alten Zeiten zieren das Ufer an der Stadtseite und sorgen für eine weitere Facette im lebendigen Freilichtmuseum Brügge. Die älteste, die Sint-Janshuismolen (Sankt-Janshuismühle), steht seit 1770 auf dem äußeren Wall und verarbeitet noch immer Korn zu Mehl. Heute allerdings nur noch zu Demonstrationszwecken für Touristen, denn sie gehört zu den Museen von Brügge. Vom 13. bis weit ins 19. Jahrhundert waren Windmühlen ein fester Bestandteil des Stadtbilds. Die heutigen vier auf dem östlichen ehemaligen Befestigungswall Kruisvest sind beliebte Ziele für einen Spaziergang. Sie stehen „luftig frei" in der grünen Landschaft und sind kleine Ruhepunkte. Spaziergänger können die Treppen in der Sint-Janshuismolen emporklettern und aus luftiger Höhe über die ehemaligen Außenbefestigungen Brügges und die Kanäle blicken. Bei günstigem Wind kann man die Mühle in Aktion erleben. Das Knarren und Knarzen der Windmühlenflügel, das alte Mahlwerk – diese ursprüngliche einfache Technik ist immer wieder beeindruckend. Dazu gibt es fachkundige Informationen und Erklärungen.
Was für ein Glück, dass sich das Brügger Mühlen-Quartett nur jeweils einen Steinwurf oder wenige Schritte entfernt vervollständigen lässt. Die Koelewei-Mühle stammt aus dem 18. Jahrhundert, die Bonne-Cherie-Mühle geht ebenfalls auf das 18. Jahrhundert zurück, wurde jedoch 1911 nach einem Brand vollständig renoviert, und die Sint-Anne-Mühle ist von 1846. Die drei sind allerdings „Zugereiste" und wurden erst später in ihrem Leben an ihre jetzigen Standorte versetzt, um das historische Bild „Brügge mit Windmühlen" perfekt zu machen. Ein Glücksfall für heutige Betrachter.

● Sint-Janshuismolen, Kruisvest, 8000 Brügge, www.museabrugge.be

Anleitung zum Abbiegen

64 Das andere Brügge der kleinen Gassen

Dieser Glücksort ist eigentlich keiner. Denn hier ist kein spezieller Ort, sondern der Weg das Ziel: die kleinen Gassen und Winkel in Brügge. Also eine Anleitung zum Abbiegen von den imposanten historischen Straßen und Plätzen. Es lohnt sich, genauer hinzusehen, ob sich nicht zwischen den Häusern kleine Durchgänge und Gassen verstecken. Als Besucher hat man die Lizenz zum Stöbern und die Freude am Entdecken. Denn oft öffnen sich hinter den Ecken Einblicke in ein ganz anderes Brügge.

Als Appetithappen und Anleitung in Sachen versteckte Schätzchen ist das „De Garre" ideal. Beim Spaziergang über die Breidelstraat würde man die kleine Tür zwischen zwei Schaufenstern wohl kaum beachten – und ein ureigenes Stück Brügge verpassen. Folgt man aber dem engen Durchgang in die winkelige Bebauung der zweiten Reihe, dann wartet als Belohnung für den Entdeckergeist unter anderem eine herrlich urige, typisch belgische Kneipe gleichen Namens. Mit langer Bierkarte und natürlich auch einem eigenen Bier, deftigen Häppchen und jeder Menge Atmosphäre. Im Hinterhof von De Garre (flämisch für Spalt) sind die anderen Brügge-Besucher plötzlich weit entfernt.

Das Abbiegen führt nicht immer zu solchen „großen Schätzen", oft belohnen pittoreske Kleinigkeiten den Entdeckergeist. Beispielsweise liebevoll gestaltete Bänke und Tische, mit denen die Anwohner es sich in den engen Gassen gemütlich machen. Oder stilvoll restaurierte kleine Häuser, die fast noch mehr Mittelalter erleben lassen als die prachtvollen Vorzeigegebäude am Markt oder der Burg. Meist sind es auch keine Umwege. Beispielsweise ist das Knusperhäuschen des Restaurants Vlaamsche Pot (Helmstraat 3) nur einen Steinwurf vom Bummel über die Einkaufsstraße Nordzandstraat entfernt. Fündig wird man auch rund um den Beginenhof, an der Wollestraat oder hinter dem Rozenhoedkaai. Wie gesagt: Auf Glückssuche in Brügge heißt, öfter mal in kleine Gassen abbiegen!

● De Garre, De Garre 1, 8000 Brügge, Tel. +32 (50) 34 10 29, www.visitbruges.be

VLAAMSCHE POT

Das süße Knusperhäuschen

65 Chocolatier Dumon, ein Hingucker

Kann es eine bessere Werbung geben? Das kleine Knusperhäuschen am Eiermarkt inmitten moderner Geschäftshäuser könnte aus den Kulissen eines Hollywoodfilms stammen. Einfach süß – und genau darum geht es. „Chocolatier Dumon" steht auf der Markise, und im Schokoladen-Eldorado Brügge ist der Knusperhäuschen-Laden sicherlich einer der ansehnlichsten. Hinter diese Fassade würde alternativ auch nur eine Bonbon-Manufaktur oder eine Puppenstube passen.

Schon der Blick durch die Sprossenscheiben der drei kleinen Schaufenster macht Appetit. Schokolade und Pralinen in allen Farben und Formen. In dem kleinen Laden darf dann auch die Nase etwas mitgenießen. Klassische Schokoladentafeln zieren eine Seite, wobei klassisch eigentlich nur die Tafelform ist. Ansonsten sucht man die normale Vollmilch-Nuss vergebens. Beides gibt es zwar, nur eben außergewöhnlicher. Zum Sortiment zählen Schokoladenriegel mit Chili, Ingwer, Pistazien oder kandiertem Obst wie Apfel oder Ingwer. Für Traditionalisten in Sachen Pralinen wird bei Dumon eine ganze Serie unter dem Sammelbegriff „Klassiker" angeboten, naturgemäß mit eigenen Rezepten und dafür ausgesuchten Zutaten. Experimentelle Geschmäcker werden mit interessanten Gaumengenüssen in der Reihe „Selection" fündig. Hier reicht die Bandbreite der Geschmackseindrücke von verblüffend bis gewagt. Ein Glücksort? Kakao und Schokolade beinhalten zwar ohnehin schon Stimmungsaufheller, aber die Wissenschaft macht auch das Genießen, das Schmelzen auf der Zunge, die Vorfreude auf Geschmacksreize für entstehende Glücksgefühle verantwortlich. Sprich, im Knusperhäuschen gibt es Glück im Überfluss.

Dumon bietet übrigens auch saisonale Schokoladenprodukte. Beispielsweise wenn im Sommer die Wärme die Lust auf Schokolade dämpft, kann man sich durch leckere Eissorten probieren: „Miss Sunny" (mit Oranguette) und „Mr. Bean" (mit Kaffeebohnen) sowie eine Reihe anderer Kreationen bieten Abkühlung à la Chocolatier. Wer will seinem Glück da noch selbst im Weg stehen?

● Chocolatier Dumon, Eiermarkt 6, 8000 Brügge, Tel. +32 (50) 34 62 82
www.chocolatierdumon.be

CHOCOLATIER DUMON CHOCOLATIER

Vielfalt auf den Punkt

66 Museum der belgischen Bierkultur

Manchmal sagen Gesichter mehr als Worte. Irgendwo zwischen ungläubig, bewundernd und fasziniert lassen sich die Gesichtsausdrücke der Besucher einordnen, die im Biermuseum die Beerwall erreichen. Wie bunte Perlen an einer Kette ziehen sich Flaschen der unterschiedlichsten Biere vom Boden bis zur Decke – übereck, da eine Wand nicht reichen würde. Bauchig oder schlank, kurz oder gestreckt, mit schlichtem oder schrillem Etikett. Diese Installation bringt eindrucksvoll die Vielfalt der belgischen Bierkultur auf den Punkt.

Individualität und Tradition gepaart mit einer Portion Lokalpatriotismus gehören zu den Zutaten, wenn man in Belgien über Bier spricht. Tausende Sorten werden im Land hergestellt, in Großbetrieben und in kleinen handwerklichen Mikrobrauereien. Entsprechend vielfältig die Ausrichtungen. „Ein Bier" zu bestellen, das ist in Belgien fast ein Sakrileg. Das „Was ist was" kann man unterstützt von Tablet und Kopfhörer im Biermuseum entdecken. Etwa den Unterschied von Trappisten- und Abteibieren. Erstere – derer sechs in Belgien – sind geschützt und dürfen nur in den Klöstern der Mönche gebraut werden. Mit so kuriosen Folgen, dass vor Jahren in den ARD-Tagesthemen über die langen Autoschlangen samstags vor dem Trappistenkloster in Westfleteren berichtet wurde. Heute gibt es einige Trappistenbiere im Supermarkt.

Im Biermuseum kann man sich nach Lust und Laune einen Überblick verschaffen oder genauer hingucken. Beispielsweise auf die Spontangärung des Lambiek, den Unterschied zwischen dunklem Dubbel und hellem Tripel oder auch, welches Bier zu welchen Speisen passt – ein viel diskutiertes Thema in Belgien. Zu den verschiedenen Themenbereichen rund ums Bier und dann zur gemütlichen Bar geht es durchs Treppenhaus, das mit schier unzähligen Werbeplakaten und witzigen Exponaten wirklich eindrucksvoll ist. In einer Kulturerbe-Stadt wie Brügge nicht überraschend: Belgisches Bier ist seit 2016 Weltkulturerbe. Eigentlich selbstverständlich.

TIPP

Eine Beerwall, unglaublich viele Biere im Verkauf und eine Terrasse an den Kanälen bietet der 2be Beershop (www.2-be.biz).

The Bruges Beer Experience, Breidelstraat 3, 8000 Brügge, Tel. +32 (50) 69 92 2
www.brugesbeermuseum.com

Rodenbach
CAROLUS
McEWAN'S
EXPORT
MARTIN'S PALE ALE

Immer ein wenig anders

67 Brügges lebendige Shoppingszene

Schaufensterbummeln und Shoppen in einer Kulturstadt wie Brügge? Unbedingt ja, denn hier hat sich das Kaufmanns- und Unternehmer-Gen seit Generationen vererbt und verfeinert. Daher sorgt zwischen den historischen Gemäuern eine durchaus lebendige Szene von Start-ups und Jungunternehmern für ideenreiche Shoppingtouren. Entspannt bummelnde Menschen in Urlaubslaune und ohne Zeitdruck – ideal für gute Geschäfte.

Rings um den Markt bis zu den historischen Stadttoren, beispielsweise in der Steenstraat, Simon Stevinplein, Mariastraat, Geldmuntstraat sowie Zuidzandstraat und Noordzandstraat, sorgen Läden jeglicher Art für glückliche Gesichter bei der Suche nach Mitbringseln. Etablierte Marken sind ebenso vertreten wie ausgefallene Ideen, von stilvoll bis schräg. Es geht auch schick und nobel wie bei L'Heroïne in der Nordzandstraat, wo seit über 20 Jahren exklusive Stücke weltbekannter belgischer Modeschöpfer wie Dries Van Noten oder Ann Demeulemeester aus der Antwerpener Schule angeboten werden. Quasi den Gegenpol liefert das Think Twice – T2 in der Sint-Jakobstraat, wo es auf zwei Etagen in einem der kleinen Stadthäuschen Mode aus zweiter Hand gibt, ein Paradies für Schnäppchenjäger mit Sinn für „anderes".

Es lohnt sich, immer wieder mal den Weg „um die Ecke" zu wagen. Die Innenstadt ist überschaubar, spontane Shoppingerlebnisse ohne große Umwege sind gut möglich. In Brügge lässt es sich ganz entspannt shoppen. In der Katelijnestraat 42 beispielsweise erleben Comicfans einen Glücksmoment nach dem anderen. Seit mehr als 25 Jahren gibt es im De Striep (www.striepclub.be) neue und gebrauchte Comics, ein Paradies für Jäger und Sammler. Madam Mim (Hoogstraat 29) präzise zu beschreiben, ist fast unmöglich, irgendwo zwischen Vintage-Shop, Trödelmarkt, Secondhandladen und einem Kessel Buntes könnte man einordnen, was dort von Kleidung über Deko bis zu Nippes aus alten Tagen zu finden ist. Auch hier bietet das Stöbern eine Glücksgarantie.

TIPP

Die Website des Fremdenverkehrsbüros bietet Tipps, wenn man gezielt auf Shoppingtour gehen will: www.visitbruges.be/shopping.

● Einkaufsstraßen rund um den Markt, 8000 Brügge

Echter geht es nicht

68 Die Liebfrauenkirche und ihr Michelangelo

In der Brügger Liebfrauenkirche geraten Kunstliebhaber in Begeisterung. Dort ist ein echter Michelangelo zu sehen. Echt in doppelter Bedeutung, da auch sein Standort „echt" ist. Denn die Madonna mit Kind aus wunderschönem weißen Carrara-Marmor bezog noch zu Lebzeiten des Meisters der italienischen Hochrenaissance ihren heutigen Platz in Brügges Vorzeigekirche. Sie war damit das einzige Werk des Künstlers, das Italien im Jahr 1503 noch zu seinen Lebzeiten verlassen hat.

Eine Geschichte wie diese ist typisch für Brügge als mittelalterliche Metropole. Denn die wirtschaftliche Macht der Stadt brachte auch die Spitzenkunst der damaligen Zeit nach Flandern. Eigentlich war die Madonna für einen Altar in Siena bestimmt, doch der Meister höchstselbst verkaufte sie für angeblich 100 Dukaten an die Brügger Kaufleute Mouscron.

Als herausragendes Beispiel für gotische Architektur ist schon die Liebfrauenkirche (niederländisch Onze-Lieve-Vrouwekerk) an sich ein Kunstwerk. Seit dem Baubeginn 1210 wurden immer wieder Teile ergänzt. Ein Großteil der heutigen Struktur stammt aus dem 13. bis 15. Jahrhundert, aber es gibt auch Elemente aus dem 16. Jahrhundert, die während der Renaissance hinzugefügt wurden. Die sorgfältige Gestaltung der Kirche mit ihren hohen Gewölben, den schlanken Säulen und den kunstvollen Verzierungen ist ein Meisterwerk der Baukunst. Sie verkörpert die technische Raffinesse und den ästhetischen Anspruch dieser Epoche. In den Kapellen und im Kirchenschiff gibt es zahlreiche Gemälde renommierter flämischer Meister wie Gerard David zu bewundern. Hinzu kommen bemalte Grabgewölbe aus dem 13. und 14. Jahrhundert sowie prächtige Grabmäler wie die von Maria von Burgund oder Karl dem Kühnen aus dem 15. und 16. Jahrhundert. Beeindruckend auch die Glasfenster. Sie stammen aus verschiedenen Zeiträumen, stellen biblische Geschichten sowie religiöse Motive dar und sorgen für ein faszinierendes Farbenspiel im Kircheninneren. Die Liebfrauenkirche ist in Brügge nicht zu übersehen: Sie hat mit 115,5 Metern den zweithöchsten Backstein-Kirchturm der Welt.

● Liebfrauenkirche, Mariastraat, 8000 Brügge, www.museabrugge.be

Wo das Licht inspirierte

69

Das Delvaux-Museum in St. Idesbald

Weiß getünchte Wände, rote Dachziegel, ein gepflegtes Bauernhäuschen ganz im Stil der Küstenlandschaft. Aber im Inneren wartet die einzigartige Werkschau eines weltberühmten Surrealisten: Paul Delvaux (1897–1994). Im kleinen St. Idesbald bei Koksijde ist das Museum Paul Delvaux in der gleichnamigen Straße eine echte Attraktion. Neben René Magritte (sein Museum steht in Brüssel) prägte er in Belgien den Surrealismus.

Warum in diesem kleinen Ort dieses eher kleine Küstenhaus? Der Maler und Künstler hat das Museum vor der Eröffnung 1982 selbst begutachtet und genehmigt. Denn in diesem Ort, an dieser Küste, in diesem Licht hatte er jahrzehntelang gearbeitet, seine Inspirationen aufgesogen. In den 1950er-Jahren zog Delvaux nach St. Idesbald, wo er sein Atelier einrichtete und viele seiner berühmten Werke schuf. Die Küstenlandschaft und die Umgebung von St. Idesbald inspirierten ihn und beeinflussten seine Kunst. Die Ruhe und die Atmosphäre der Gegend passten gut zu Delvaux' surrealistischem Stil mit den träumerischen Szenarien, die er in seinen Gemälden darstellte. Während seiner vielen Jahre in St. Idesbald pflegte Delvaux auch enge Beziehungen zur Gemeinschaft der Küstenstadt und war bei den Einwohnern beliebt.

Das liebevoll eingerichtete Museum beherbergt eine große Sammlung der so typischen Bilder des Malers. Er war beispielsweise fasziniert von Zügen und Bahnhöfen, die er in immer wieder neuen Kompositionen darstellte. Im Museum gibt es daher auch einige Bahnhofsbänke und Zugsitze. Ein weiteres typisches Sujet sind weibliche Akte in mysteriösen und unwirklichen Szenarien. Diese Nacktheit war jedoch nicht erotisch gemeint, sondern diente dazu, die Verletzlichkeit und Isolation der menschlichen Figur zu betonen. Nach dem Museumsbummel kann man sich weiter auf den Spuren von Paul Delvaux bewegen: Nach der Arbeit soll er seinen Spaziergang am Strand genossen haben.

TIPP

Im Garten des Museumcafés bei Kuchen und Koffie verkeerd die Landschaft genießen.

● Paul Delvaux Museum, Paul Delvauxlaan 42, 8670 St. Idesbald – Koksijde, Tel. +32 (58) 52 12 29, www.delvauxmuseum.be

● ÖPNV: Kusttram, Haltestelle Sint-Idesbald

UL DELVAUX MUSEUM
PAUL DELVAUXLAAN

Der Knoten der Kanäle

70 Nieuwpoorts beschauliche Binnenwasserwege

Der Gegensatz zum bewegten Küstenleben von Nieuwpoort Bad könnte kaum größer sein. Ruhige Beschaulichkeit bestimmt die Binnenseite von Nieuwpoort entlang der Mündung der Yser. Lastkähne am Ufer, kleine Motorboote mit entspannten Freizeitskippern schippern geruhsam über Fluss und Kanäle. Hier scheinen die Uhren langsamer zu gehen. Dabei war und ist diese Verbindung von Meer und Fluss die Triebfeder hinter Nieuwpoorts Aufstieg. Denn neben der Yser ist die Stadt auch als Umschlaghafen der Zugang zum weit verzweigten System der Kanäle durch das Hinterland. Zum Tuchzentrum ins 40 Kilometer entfernte Ypern, ins Hopfenland bei Poperinge oder hinüber nach Frankreich ins berühmte dortige System der Kanäle – Bootsurlauber auf Entspannungssuche finden von hier aus ihr Glück beim beschaulichen Schippern.

An einem Ort kann man auf einen Blick entdecken, wie verästelt und durchdacht diese Wasserwege hinter der Küste sind: De Ganzepoot (Gänsefuß) heißt der fast verwirrend verzweigte Schleusenkomplex in der Mündung der Yser. Sechs Schleusen nebeneinander regeln den Zugang, wenn man von der Küste die Yser hinauffahren möchte, fünf zu einzelnen Kanälen, eine in Richtung Fluss. Der Komplex ist ein Meisterwerk in Sachen Wasserbau und schon durch seine Größe eindrucksvoll. Die Aufgabe, die Wasserstände in den Kanälen und im Fluss zu regeln, machte De Ganzepoot im Ersten Weltkrieg zur Waffe. Belgische Soldaten öffneten die Schleusen, das überflutete Land wurde zur Wasserbarriere gegen die deutschen Truppen.

Ein kurzer Spaziergang entlang der Yser vom Ganzepoot flussaufwärts führt zum Yachthafen der Flusskapitäne. Hier sind nicht nur die Wellen kleiner, hier läuft das Leben am und auf dem Wasser ein gutes Stück langsamer. Das Fischrestaurant De Ark ist eine schöne Belohnung für den Fußmarsch. Abseits des Strands mit den betriebsamen Badeurlaubern ein Glücksort der sanft-beschaulichen Art am Wasser.

● De Ganzepoot, 8620 Nieuwpoort
● De Ark, Ijzer 55, 8620 Nieuwpoort, www.restodeark.be
● ÖPNV: Kusttram, Haltestelle Nieuwpoort Stad

sluis 1
Rijkevorsel

A Sport is born

71 Wiege des Strandsegelns in De Panne

Sie sind ein spektakulärer Anblick – und bei De Panne alltäglich: die Strandsegler. Schnell wie der Wind fegen die flachen Buggys auf ihren dicken Reifen über den Strand. Über ihnen wölben sich große, hohe Segel, die den kräftigen Küstenwind einfangen. Es ist schlicht faszinierend, wie elegant die Strandsegler über den Sand von De Panne flitzen. Als Sportart soll das Strandsegeln hier geboren worden sein. Die Gebrüder Dumont aus De Panne und der französische Pilot Louis Bleriot, der den Ärmelkanal als Erster mit einem Motorflugzeug überquerte, waren Anfang des 19. Jahrhunderts die ersten „professionellen“ Strandsegler. Das Konzept eines windgetriebenen Wagens ist zwar über 2000 Jahre alt, doch in De Panne kann man wohl den Auftakt zum Durchbruch als Strandsportart beanspruchen. Die rasante Art, Strand und Wind zu genießen, verbreitete sich in der Folgezeit schnell über Europas Küsten. Heute sind Strandsegler weltweit auf dazu geeigneten Stränden zu finden, ob in Blokarts (Neuseeland), am niederländischen Brouwersdam, Ivanpah Dry Lake in den USA oder im deutschen St. Peter-Ording.
Beim Thema geeignete Strände reicht ein Blick über den „Heimatstrand“ des Strandsegelns, um zu verstehen, warum hier die Wiege des Sports stand. Er ist in De Panne rund 12 Kilometer lang, satte 425 Meter breit und sein Sand ist so fest, dass die Buggys mit ihren Ballonreifen nicht einsinken. Ideale Bedingungen. Auch für Zuschauer. Man kann dank der enormen Breite ganz in Ruhe am Strand entlangschlendern und dabei die Jagd der Strandsegler beobachten. Und diese Jagd ist richtig wild, bis zu 130 Stundenkilometer sind die Vehikel am Strand schnell, der Weltrekord auf einem Salzsee liegt bei unglaublichen 222 Stundenkilometern. Aber es geht auch langsamer und einsteigerfreundlich: Beim Royal Sand Yacht Club kann man bei einem Schnupperkurs auch selbst zum Strandsegler werden.

● Royal Sand Yacht Club, Dynastielaan 20, 8660 De Panne, www.rsyc.be
● ÖPNV: Kusttram, Haltestelle De Panne Esplanade

Zeitreise mit Kopf-Kino

72

Die Abtei Ten Duinen in Koksijde

Es ist eine Zeitreise mit Ruinen und VR-Brille. Die Abtei Ten Duinen können Besucher mit dem „eigenen Kopf-Kino" beim Gang durch die Ruinen entdecken – und danach durch das „Kopf-Kino" des 21. Jahrhunderts, nämlich per VR-Brille im dazugehörigen Museum. In der ehemaligen Abtei der Zisterziensermönche aus dem Gründungsjahr 1138 führt der Blick durch die Brille in eine Zeit zurück, als das Kloster eine der wichtigsten Ansiedlungen an der Küste war. Die Mönche waren erfolgreich in Landwirtschaft und Fischfang, durch geschickte Eindeichungen rangen sie dem Meer neue Nutzflächen ab. Die prosperierende Abtei mit ihrer malerischen Lage in den Dünen wuchs zu einer beeindruckenden Anlage, ihr Landbesitz addierte sich auf rund 10000 Hektar. In der Blütezeit des 12. Jahrhunderts lebten hier über 300 Mönche und Novizen. Die Abtei wurde zwar im 16. Jahrhundert während der Religionskriege geplündert und weitgehend zerstört, während der Französischen Revolution dann endgültig aufgegeben, doch ihre Überreste und Ruinen lassen ihre einstige Bedeutung erahnen. Archäologische Ausgrabungen brachten weitere Spuren der Vergangenheit ans Tageslicht.

In der unteren Etage des Museums geben interaktive Elemente und Virtual Reality spannende Einblicke in das Leben und den Alltag im mittelalterlichen Kloster Ten Duinen. Einige der Exponate stellten die Mönche im Laufe der langen Klostergeschichte selbst her, von Musikinstrumenten bis zu Werkzeugen. Erstaunlich! Im Obergeschoss ist eine beeindruckende Silbersammlung untergebracht. Zu sehen sind viele wertvolle Objekte und man bekommt spannende Einblicke in die Herstellung und Funktion von religiösem Silber aus der Zeit der frühen Gotik bis heute. Der besonderen Atmosphäre dieses Ortes kann man sich kaum entziehen: Die Verbindung von Ruinenfeld, Ausgrabungen und modern aufbereiteter Zeitreise macht die Abtei Ten Duinen – übrigens UNESCO-Weltkulturerbe – zu einem Glücksort.

TIPP

Gegenüber vom Museum kann man eine immer noch aktive Kornmühle aus dem Jahr 1773 besichtigen.

- Ten Duinen, Abdijmuseum Koksijde, A. Verbouwelaan 15, 8670 Koksijde, Tel. +32 (58) 53 39 50, www.tenduinen.be
- ÖPNV: Kusttram, Haltestelle Koksijde Ster der Zee

Die Ankunft des Königs

73

Leopold Esplanade mit Denkmal

Imposant und voller royaler Grandezza ist das Denkmal von Leopold I. in De Panne. Wie durch eine stilisierte Tür gekommen, steht Belgiens erster König auf der Meerseite der gleichnamigen Esplanade. An dem Ort, an dem der am 17. Juli 1831 aus England angereiste Noch-Prinz Leopold von Sachsen-Gotha zum ersten Mal sein künftiges Reich betrat. Im Zuge der belgischen Unabhängigkeit war ihm die Rolle des königlichen Staatsoberhaupts angetragen worden. Warum allerdings der erste Schritt in De Panne mit dem breiten Sandstrand erfolgte und nicht in einer der passenderen Küstenstädte mit Hafen wie Oostende, ist nie abschließend geklärt worden.

Das Denkmal wurde mit einer breiten Sichtachse aus der Stadt zum Strand eindrucksvoll inszeniert. Zusammen mit der sogenannten Esplanade – heute Treffpunkt und Veranstaltungsfläche – bilden die Bronzefigur des ankommenden Königs auf der einen und ein stilisierter Bootsbug auf der anderen Seite ein städtebauliches Highlight. Grüne Akzente, eine Rotunde, eine Art kleines Amphitheater, harmonische Wechsel von Bögen und Kreisen in der Gestaltung machen einen Bummel über die Esplanade zu einer spannenden Entdeckungsreise. Wäre Leopold in der Lage, seinen Blick entlang der Waterfront von rechts nach links wandern zu lassen, würde er an der Promenade mit Wohlgefallen so manches kleine Juwel entdecken.

De Panne wurde zwar zu Beginn des Zweiten Weltkriegs im Zuge der Kesselschlacht um das benachbarte Dünkirchen schwer beschädigt, aber es gibt zum Glück eine ganze Reihe von Häusern aus der Zeit, als De Panne sich vom Fischerdorf zum Ferienort mauserte. Vor allem aus dem benachbarten Frankreich kamen die ersten Gäste. Zunächst Sommerfrischler, dann auch die „bessere Gesellschaft". Die mittlerweile wieder liebevoll gepflegten Domizile von einst bringen Leben in die Phalanx der einfallsarmen Ferienwohnungsbauten. Bei einem Bummel mit vielen Glücksmomenten kann man sie und ihre Eigenheiten heute entdecken.

TIPP

Die Landschaft um die Düne Sahara im Naturpark Westhoek ist Filmkulisse für Wüstenbilder.

- Esplanade De Panne, 8660 De Panne
- ÖPNV: Kusttram, Haltestelle De Panne Esplanade

Fast perfekte Illusion

74 Nieuwpoorts Markt: ein doppelter Glücksort

Hier ist nichts, wie es scheint. Fast jeder Besucher Nieuwpoorts hält den Großen Markt für authentisch „sehr alt“ und genießt abseits des Strandtrubels in aller Ruhe den wundervollen Charme einer historischen Küstenstadt. Und genau dieser Charme ist doppelt bemerkenswert. Ringsum eingefasst von wunderbaren Bürgerhäusern aus typischem Backstein mit Treppengiebeln und verzierten Erkern, das prachtvolle Rathaus, die Liebfrauenkirche oder der Belfried – Mittelalter pur? Nein, denn das gesamte Ensemble ist nur rund 100 Jahre alt. Schwer umkämpft im Ersten Weltkrieg war 1918 fast der gesamte Marktplatz zerstört. In den 1920er-Jahren wurden dann die Gebäude auf den Ruinen und nach den Originalplänen wieder aufgebaut. Das Ergebnis wirkt erstaunlich echt. Und macht den Platz im Herzen von Nieuwpoort Stad noch ein Stück bemerkenswerter.

Noch bewegter war das Schicksal der Liebfrauenkirche am Markt. Sie stammt ursprünglich aus dem 15. Jahrhundert, wurde aber nach dem Ersten und nochmals nach dem Zweiten Weltkrieg zerstört und wiederaufgebaut. Heute ist sie mit ihren Erkern, Türmchen und Schmuckelementen ein Hingucker auf dem Großen Markt. Auch das eindrucksvolle Rathaus wurde originalgetreu im ausladenden Stil der flämischen Neorenaissance zusammen mit den Nachbauten 1922 neu errichtet und komplettiert den Marktplatz. Täuschend alt sind auch gleich nebenan die Stadthalle und der Belfried, die daher zum UNESCO-Weltkulturerbe gehören. Die Vorlagen, nach denen die spätgotische Lagerhalle rekonstruiert wurde, stammen aus dem 13. Jahrhundert. Der 35 Meter hohe befestigte Turm ist ebenfalls ein eindrucksvolles Beispiel, wie erfolgreich die detailgetreue Rekonstruktion 1922 umgesetzt wurde. Täuschend echt! Von einem der Cafés am Platz kann man das gesamte Ensemble auf sich wirken lassen und einen doppelten Glücksort genießen: den Ort einer liebevollen Heilung von Kriegswunden und einen Ort mit dem ursprünglichen Flair einer fast vergessenen alten Küstenstadt.

● Gebäudeensemble am Marktplein, 8620 Nieuwpoort
● ÖPNV: Kusttram, Haltestelle Nieuwpoort Stad

Natürlicher Höhepunkt

75 Schutzgebiet um Belgiens Rekorddüne Hoge Blekker

Sie ist im wahrsten Sinne des Wortes der Höhepunkt eines einzigartigen Naturschutzgebiets: Belgiens höchste Düne heißt Hoge Blekker („Hoher Blender") und überragt die Küstenlandschaft von Koksijde. Die blendende Strahlkraft des hellen Küstensands in der Sonne auf immerhin 33 Meter Höhe soll, so die Erzählung, für Schiffer auf der Nordsee zu einem unübersehbaren Wegpunkt geworden sein. Heute orientieren sich Naturfreunde am Hoge Blekker, wenn sie das Ökosystem einer intakten Küstenlandschaft erkunden wollen.

Dünen bieten eine einzigartige Lebensraum für viele spezialisierte Arten, die an das Leben unter sandigen, trockenen und windigen Bedingungen angepasst sind. Für Pflanzen wie Strandhafer, der eine entscheidende Rolle bei der Stabilisierung der Dünen spielt. Oder für verschiedene Stranddistelarten, Meersenf und Meerkohl, die sich in der salzigen Meeresumgebung wohlfühlen. Zugvögel wie der Austernfischer nutzen die Dünenlandschaft als Zwischenstopp zum „Auftanken", andere Vogelarten wie die Seeschwalbe freuen sich über das reiche Insektenangebot auf dem Speiseplan und brüten in der Küstenlandschaft.

Ein Glücksort für Naturfreunde und Wanderer: Zahlreiche Wege erschließen die Landschaft, führen zu fast verdorrten Dornen und Gräsern an den Wetterseiten der kleinen Dünen. Geschützter in den „Tälern" gedeihen zart blühende Pflanzen und Blumen. Mal sind es Bodendecker, dann wieder gestalten Büsche und Bäume die Vegetation erfreulich abwechslungsreich. Von einem Aussichtsturm an der Düne bietet sich ein toller Rundumblick. Man erkennt durch bloßes Hinschauen, wie Vielfalt und Biodiversität aussehen und wie sich Vegetationszonen in den Dünen anordnen. Übrigens: Der Hohe Blender ist zwar eine Wanderdüne, doch dürfte er für Besucher auch weiterhin leicht zu finden sein. In den vergangenen 400 Jahren hat er sich nur 1 Kilometer fortbewegt.

- Wanderdüne Hoge Blekker, 8670 Koksijde
- ÖPNV: Kusttram, Haltestelle Koksijde Bad

Reiter der Schildkröte

76

Nieuwpoort und des Künstlers Suche nach Utopia

Wenn Kunst Aufmerksamkeit anziehen soll, dann ist die goldene Schildkröte mit ihrem Reiter große Kunst. Und das ist wörtlich zu nehmen, denn die mit Blattgold überzogene Bronzeskulptur ist groß. 7,10 Meter lang, 5,50 Meter breit und 3,50 Meter hoch, um genau zu sein. Und doch wirkt Jan Fabres „Searching for Utopia“ nicht massig oder gar plump. Das Werk vermittelt vielmehr eine gewisse Leichtigkeit, eine erwartungsfrohe Aufbruchsstimmung und wirkt auf Jung und Alt gleichermaßen faszinierend. Der lässig auf dem Schildkrötenpanzer sitzende Reiter mit seinem hochgeschlagenen Mantelkragen, die locker hängenden Zügel, die freundlich lächelnden Augen der Schildkröte – Fabres Schöpfung weist den Weg in die Zukunft mit neugieriger Zuversicht. Übrigens: Der Künstler – seine Arbeiten sind in aller Welt zu sehen – hat sich ganz persönlich eingebracht: Auf der Schildkröte reitet sein Ebenbild.

Das Werk stammt ursprünglich aus der ersten Beaufort-Ausstellung „Kunst am Meer“ im Jahr 2003. Damals stand es noch direkt am Deich von Nieuwpoort und bot einen spektakulären Anblick mit dem Meer als Hintergrund. Nach dem Ende der Ausstellung kaufte die Gemeinde das Werk, das zu einem Gesicht der Kunst-Triennale und wohl auch ein Erfolgsfaktor für dieses Ereignis wurde – und ein Wahrzeichen für Nieuwpoort. Doch Wind und Wetter machten der Skulptur zu schaffen. Sie wurde renoviert, mit einer neuen Blattgoldbeschichtung versehen – und zog um. Nun steht sie seit 2018 wenige Hundert Meter vom Sandstrahlgebläse des Strands entfernt auf einem weiten Platz in einem Wohngebiet beim Centrum Ysara. Auf einem „Wasserbett“ sehen nun Kröte und Reiter in Richtung Zukunft. Apropos sehen: Man sollte nur mit den Augen genießen. Weil die Idee des Reitens auf dem Schildkrötenrücken viele Besucher zu einer Klettertour als Fotomotiv animierte, verhängt die Gemeinde heftige Geldbußen.

TIPP

Die Skulptur „Men“ von Nina Beier ganz in der Nähe am Strand verschwindet manchmal im Wasser.

- Skulptur „Searching for Utopia“, vor dem Centrum Ysara, Havengeul 14, 8920 Nieuwpoort
- ÖPNV: Kusttram, Haltestelle Nieuwpoort Bad

Tempel der Fleischeslust

77 Das Steakhouse Carcasse

Ganz gleich wie viele Ausdrücke Sie für ungläubiges, irritiertes Staunen kennen, hier werden diese nicht ausreichen. Denn das Restaurant Carcasse ist anders, wobei man dieses „anders“ gar nicht groß genug schreiben kann. Die Chronologie von „Wow & Co“ beginnt schon beim ersten Schritt durch die Tür. Unwillkürlich zuckt man etwas zurück, weil man versehentlich die Tür zur Fleischerei mit Imbiss erwischt zu haben glaubt. Dabei wollte man doch in ein Restaurant mit einem Michelin-Stern oder dem laut einer amerikanischen Website viertbesten Steakhouse der Welt – und dem besten Europas.
Mächtige Beinhauer-Tische, große Fleischstücke werden an altertümlichen Rollhaken zur Auswahl durch den Raum gefahren, auf Pulten trennen kundige Hände mit rotierendem Messer ausgesuchte Fleischpartien ab, eine gläserne Reifekammer mitten im Raum, dazu Wände mit den typischen cremeweißen kleinen Fliesen früherer Fleischerfachgeschäfte, an Haken ein buntes Allerlei von Handwerkszeug und Schinken – man entdeckt mit jedem Blick etwas Neues in diesem Bühnenbild für Beef & Co. Aber eigentlich dreht sich alles hier nur um eines: „Fleisch ist der Herr und Meister hier“, sagt Chef Hendrik Dierendonck. Der Mittvierziger ergänzte die alteingesessene Familien-Fleischerei um das Restaurant. Hier wird sozusagen der Beweis für seine Philosophie direkt zum Gaumen geliefert. Statt maschineller Filetierung noch echte Fleischer-Handwerkskunst im Wortsinn – eine sorgfältige Auswahl der Tiere nach Fütterung, Aufzucht und Haltung, Demut und Dankbarkeit für Tier und Produkt. Dierendoncks Credo: „Lieber weniger Fleisch, aber dafür besseres.“ Und dies macht auch das Ambiente stimmig: Handwerk vor den Augen der Kunden, nicht nur offene Küche, sondern offenes Produkt. Das Aussuchen des „eigenen Stücks“ und dessen Weg zum Feuer ist eine Show für sich. Bleibt die Frage, ob man Philosophie schmecken kann. Man kann, und wie!

● Carcasse, Henri Christiaenlaan 5, 8670 Koksijde, Tel. +32 (58) 51 72 49
www.carcasse.be
● ÖPNV: Kusttram, Haltestelle Koksijde, Ster der Zee

Wassersport-Mekka

78 Der größte Yachthafen Nordeuropas

Am besten nähert man sich dem Yachthafen, indem man von ihm weggeht. Hinaus vom Strand ins Meer auf den schier endlos langen Hafenmolen, so weit, bis die Skyline der Strandpromenade von Nieuwpoort fast klein erscheint. Da draußen, wo selbst in den Augenwinkeln nur die Weite des Wassers zu sehen ist, wird jedem klar, was Menschen hinaus aufs Wasser treibt. Und man versteht, warum hier so viele Segel- und Motoryachten ein- und ausfahren: Nieuwpoorts Sporthafen ist der größte in Nordeuropa.

Liegeplätze für 2000 Boote gibt es hier, wahre Wälder von Masten erstrecken sich auf dem Gelände, zu dem ein breiter Kanal etwas ins Hinterland führt. Auch hier ist Gehen ein guter Weg. Hübsch angelegt führt ein maritim holzbeplankter Weg an den Hafenbecken vorbei. Und man sieht mehr Vielfalt in Sachen Sportboote und Privatyachten als bei jeder Ausstellung oder Messe der Welt. Nicht nur ein Vergnügen für Fachleute. Ein förmlich nach Arbeit riechendes Plattbodenschiff aus der Wattensee, eine wunderschön in dunklen Farben restaurierte Ketch aus den 1960er-Jahren oder eine moderne Yacht im Katamaranstil – es macht einfach einen Riesenspaß, diese „maritime Kunstausstellung" mit offenen Augen zu genießen.

Sozusagen on top gibt es die ganz spezielle Stimmung in Yachthäfen. Beispielsweise abends, wenn die Crews nach einem langen Tag auf See zum „Manöverschluck" an Deck oder in den Clubs ringsum sitzen. Oder wenn starker Wind die Masten, Beschläge und Wanten zum Singen animiert. Diese Atmosphäre zwischen Wind und Masten hat auch der französische Künstler Daniel Buren bei der Kunst-Triennale Beaufort 2009 aufgegriffen. Sein Werk, bestehend aus 100 Flaggenmasten mit Windsäcken in allen Farben, wurde von der Stadt Nieuwpoort gekauft und ist nun von der Hafenrinne und vom „Kromme Hoek" zu sehen.

- Yachthafen Nieuwpoort und Kromme Hoek, 8620 Nieuwpoort
- ÖPNV: Kusttram, Haltestelle Cardijnlaan

Stil in den Dünen

79 Das repräsentative Dumont-Viertel

Hier kann man sie spüren, die Lebensfreude der Belle Époque. Das Dumont-Viertel von De Panne ist mit seinen weit über 100 noch im Stil der „schönen Zeit" erhaltenen Wohnhäusern eine Art bewohntes Freilichtmuseum, in dem sich hinter jeder Ecke neue, überraschende Anblicke auftun. Schließlich war die Zeit des aufkommenden Seebäder-Tourismus auch jene, in der dem wohlhabenden Bürgertum das Gesehenwerden meist wichtiger war als das Sehen. Die Häuser in der Sommerfrische waren auch Statussymbole. Gesteuert durch einen Bebauungsplan von Alexis und Albert Dumont entwickelte sich das ehemalige Dünengebiet zu einem Kleinod, das bis heute fasziniert.
Dumont aus De Panne? Richtig, die Brüder waren Multitalente und in ihrer Heimatstadt auch die Begründer des Strandsegelns als Sport (S. 148). Oft erhielten die Villen Eigennamen, um eben nicht nur eine Hausnummer zu sein. Wie die Villa Kykhill auf der gleichnamigen Düne, neben der man von einem Aussichtspunkt über das gesamte Viertel blicken kann. Spannend aber wird es vor allem in den Straßen. Man möchte den Architekten applaudieren, so stimmig in die Dünenlandschaft integriert und dennoch abwechslungsreich sind ihre Ideen. Man kann sich auf eigene Faust auf Entdeckungsreise machen oder den Rundgang-Markierungen (Dumontwijk) auf den Gehsteigen folgen.

Etwas her machen übrigens nicht nur die üblichen Einzelhäuser im anglonormannischen oder Cottage-Stil. Auch Doppelhauskonstruktionen wie Le Paradou en Vella mit seinen grünen Doppelspitzgiebeln (Visserslaan 24) oder das U-förmige Mehrfamilienhaus Le Bouquet des Dunes (Bortierlaan/Halmenstraat) von 1903 mit seinen Treppchen und Türmchen sorgen für den ganz besonderen Reiz dieses Viertels. Hier ist nichts „dick aufgetragen", es geht um diskreten Charme mit Stil. Sehenswert.

TIPP
Ebenfalls prachtvoll: das Art-déco-Dreieckhaus Hotel du Sablon an der Duinkerkelaan fast nebenan.

- Dumontwijk De Panne, Kykhillweg, 8660 De Panne
- ÖPNV: Kusttram, Haltestelle De Panne Esplanade

PRIVE

Vierbeinige Fischerboote

80

Die Pferdefischer von Oostduinkerke

Man hört sie auf dem Weg zur Arbeit lange bevor man sie sieht: die Pferdefischer von Oostduinkerke. Wenn die bis zu 1200 Kilogramm schweren Brabanter oder Hennegauer Kaltblüter zum Treffpunkt Astridplein und dann über die Straßen zum Strand stapfen, dann unterstreicht jeder Schritt mit lautem Hufschlag und leicht zitterndem Pflaster, welch imposante Pferde diese Giganten sind. Seit dem 15. Jahrhundert stechen die Fischer in Oostduinkerke per Pferd in See. Übrigens, seit einigen Jahren ist auch die erste Pferdefischerin mit von der Partie. Waren es früher Plattfische wie Scholle und Flunder, so ziehen die Pferdefischer heute Garnelen und Krustentiere bei Ebbe aus der Nordsee. Dabei geht es auf dem Weg zur vorgelagerten Sandbank zuweilen so tief ins Wasser, dass die Fischer selbst auf den bis zu 175 Zentimeter Stockmaß großen Hengsten fast im Nassen sitzen. Übrigens zumeist im „Damensitz", denn die Rücken der riesigen Kaltblüter sind so breit, dass der normale Reitersitz fast einen Spagat erfordert.

TIPP

In der Museumsgaststätte De Peerdevisscher (Pastoor Schmitzstraat 4) serviert eine Pferdefischerfamilie Garnelen und Fisch.

Es ist immer wieder faszinierend, mit welcher stoischen Ruhe und imponierenden Wucht diese vierbeinigen Fischerboote durch die Wellen pflügen. Die langen Garnelennetze, die Fischer in Ölzeug, die großen Reetkörbe mit dem Fang am hölzernen Sattel lassen sie scheinbar unbeeindruckt. Dass dieser Anblick auch Touristen anlockt, ist nur zu verständlich. Zudem gibt es Pferdefischer heute nur noch hier, früher gab es sie auch in den Niederlanden und Frankreich. Diese in Oostduinkerke gelebte und gepflegte Tradition wurde 2013 von der UNESCO zum immateriellen Weltkulturerbe erklärt. Sehr materiell ist indes, was die 16 noch aktiven Pferdefischer aus den Fluten ziehen. Noch am Strand werden Fische und sonstiger Beifang wieder ins Meer gebracht, die Garnelen gesäubert – und an manchen Tagen direkt vor Ort gekocht und zum Verkauf angeboten. Frischer und stilechter geht es nicht. Ein Glücksort für Genießer.

- Pferdefischer, Treffpunkt am Astridplein, 8640 Oostduinkerk
  www.navigomuseum.be/de/node/182#kalender
- ÖPNV: Kusttram, Haltestelle Oostduinkerke Bad

Bibliografische Informationen der Deutschen Nationalbibliothek
Die Deutsche Nationalbibliothek verzeichnet diese Publikation in der Deutschen Nationalbibliografie; detaillierte bibliografische Daten sind im Internet über http://dnb.d-nb.de abrufbar.

Konzeption/Satz: Droste Verlag, Düsseldorf
Einbandgestaltung und Illustrationen: Britta Rungwerth, Düsseldorf, unter Verwendung von Bildern von © Fotolia.com: jd - photodesign.de; © iStock: Plociennik Robert
Fotos: Simone Klein, außer:
S. 9: By Snoopy 31 - File:Kusttram_05-21.jpg, CC BY-SA 4.0 (https://commons.wikimedia.org/w/index.php?curid=114265715); S. 21: Toerisme Blankenberge; S. 29: Klodien - stock.adobe.com; S. 35: ikuday - stock.adobe.com; S. 47, 55: Erik_AJV - stock.adobe.com; S. 51: tracker - stock.adobe.com; S. 67, 79, 83: Toerisme Oostende @Nick Decombel Fotografie; S. 89: Gabrielle - stock.adobe.com; S. 111, 127: Visit Bruges - @JanDHond; S. 121: frankdaniels - stock.adobe.com; S. 133: Elke Hötzel - stock.adobe com; S. 147: Bjorn B. - stock.adobe.com; S. 149: pixelunikat - stock.adobe.com; S. 161: Carcasse, Dierendonck; S. 167: Monika_B. - stock.adobe.com
Textlektorat: Petra Sparrer, Köln

MIX
Papier | Fördert gute Waldnutzung
FSC® C011279
www.fsc.org

Druck und Bindung: LUC GmbH, Greven
ISBN 978-3-7700-2506-0

www.droste-verlag.de